# 金剛經

【后秦】鸠摩罗什 译

丁福保 笺注

上海古籍出版社

**图书在版编目(CIP)数据**

金刚经 /（后秦）鸠摩罗什译；丁福保笺注. 一上海：上海古籍出版社，2020.4（2025.4重印）

（国学典藏）

ISBN 978－7－5325－9508－2

Ⅰ.①金… Ⅱ.①鸠… ②丁… Ⅲ.①佛经②《金刚经》－译文③《金刚经》－注释 Ⅳ.①B942.1

中国版本图书馆 CIP 数据核字（2020）第 040576 号

国学典藏

金刚经

〔后秦〕鸠摩罗什 译

丁福保 笺注

上海古籍出版社出版、发行

（上海市闵行区号景路159弄1-5号A座5F 邮政编码201101）

（1）网址：www.guji.com.cn

（2）E-mail：guji1@guji.com.cn

（3）易文网网址：www.ewen.co

上海展强印刷有限公司印刷

开本 890×1240 1/32 印张 5 插页 5 字数 116,000

2020 年 4 月第 1 版 2025 年 4 月第 9 次印刷

印数：87,601—108,600

ISBN 978－7－5325－9508－2

B·1126 定价：32.00 元

如有质量问题，请与承印公司联系

电话：021-66366565

## 出版说明

　　《金刚经》，大乘佛教般若系重要经典，屡经重译，历代注疏研习者无数。该经现存六种译本，以鸠摩罗什所译《金刚般若波罗蜜经》影响最大。丁福保的笺注，即以罗什译本为依据，若遇难解或他人误解之处，则参考其他五种译本。丁氏笺注，尊重原典及大乘义理系统，又简择得宜，广征博引；在关键处能拈出经义核心，予以简明扼要的解释，充分体现了文献考证与义理阐发并重的研究路径。

　　丁福保（1874—1952），字仲祜，江苏无锡人。遍习经史、词章、天文、舆地诸学。曾赴日习医，归国后于上海设立医学书局，举办医院及疗养院，并为人诊病。后弃医向文，专心著述，先后出版有《金刚经笺注》《六祖坛经笺注》《佛学大辞典》《说文解字诂林补遗》《古钱大辞典》《古泉学纲要》等著作。

　　此次整理，以"无锡丁氏藏版"之《金刚般若波罗蜜经笺注》为底本，为方便现代读者阅读，将原为双行小字的夹注移到各部分之后，用序号一一标出，并用现代汉语标点符号对全书重新予以标点。在整理过程中，对全书作了全面校对：书名、作者、文字等明显错误，直接改正，不出校记。丁氏原书所附内容予以保留，以期为读者了解笺注体例和《金刚经》的流传情况提供素材。

上海古籍出版社

2019 年 12 月 31 日

# 目　录

## 金刚般若波罗蜜经

# 金刚般若波罗蜜经笺注序

　　《金刚经》为《大般若经》中之第五百七十七卷。佛说《大般若经》分四处，共十六会。四处者，一在王舍城之鹫峰山，二在舍卫国之给孤独园，三在他化自在天宫，四在王舍城竹林精舍之白鹭池。此经即在给孤独园所说者。其输入吾国共有六种译本：一、姚秦三藏法师鸠摩罗什译，二、元魏三藏留支译，三、陈天竺三藏法师真谛译，四、隋三藏笈多译，五、唐三藏法师玄奘译，六、唐三藏法师义净译，即陈氏《直斋书录》、马氏《文献通考》所载之六译《金刚经》是也。考《历代三宝纪》第九，有《金刚经》一卷，永平二年于胡相国第译，僧朗笔受，与秦世罗什出者小异。据此则知六译之外，尚有此本，惜散佚已久，故学者不知其名耳。宋晁氏《郡斋读书志》曰："《金刚经》凡六译，其文大概相同，时小异耳，而世多行姚秦鸠摩罗什本。"余笺注之本，即秦译也。时有难解之处及为他人误解之处，均以余五种译本参伍交订而得其确解。故知六译《金刚经》俱不可废也。

　　余绅绎全经，可以三义括之：一、本体，一、修习，一、究竟，卒归之于无有。非无有也，不可以语言文字形容也。请晰而论之。智俨所著《华严孔目章》，谓人人各有三种佛性：

1

一、自性住佛性，即真如之理，自性常住而无变改者。一切众生本有此性，名曰自性住佛性。二、引出佛性。众生必假修习智慧禅定之力，方能引发本有之佛性，名曰引出佛性。三、至得果佛性。修因满足，至果位时，则本有之佛性了了显现，名曰至得果佛性。明乎此，则全部《金刚般若经》可以此三佛性概之矣。经文中有见诸相非相，即见如来（见第五分）；不可以三十二相得见如来（见十三分及二十六分）；不以具足诸相见如来（见二十分）；如来者，无所从来，亦无所去（见二十九分）。所谓如来者，即无为法身也。无为法身即实相，实相即是法性，法性即是真如也。人人自性中有一真如，即人人自性中有一如来。故如来不向外觅，求之身内可矣。佛于法实无所得（见十分），无有法得阿耨菩提（见十七分及二十二分），因真如中不容有法，不容有所得也。实相（见十四分）及诸法如义（见十七分），此法无实无虚（见十四分、十七分），是法平等无有高下（见二十三分）。所谓实相及法者，皆真如也。彼非众生（见二十一分）、非凡夫（见二十五分）者，因人人各有一真如，即各藏一如来也。以上种种，皆属于自性住佛性。此本体也。经中所论住与降伏（见二分、十七分）；灭度一切众生，令入无余涅槃（见三分、十七分）；受持诵读，或为人演说（见八分、十一分、十三分、十四分、十五分、十六分、二十四分、三十二分）；奉持《金刚般若波罗蜜》（见第十三分），皆属于引出佛性。此修习也。灭度无量无边众生，自以为无一众生为我所灭度者（见三分、十七分、二十五分）；不住相布施（见四分、十四分）；须陀洹等不作是念,得须陀洹等果(见第九分);无所住而生其心(见十分);应生无所住心(见十四分);庄严佛土,不自为庄严佛土(见十分、十七分);离福德(见八分、十九分);离一切相(见十四分、十七分),皆属于至得果佛性。此究竟也。

　　客谓由真如本体而修习而究竟,为学佛之不二法门乎?余诵《维摩经》答之曰:文殊师利问维摩诘:"何等是菩萨入不二法门?"时维摩诘嘿然无言。文殊师利叹曰:"善哉善哉,乃至无有文字语言,是真入不二法门。"又维摩诘曰:"法无名字,言语断故。法无形象,如虚空故。法同法性,入诸法故。法相如是,岂可说乎?"故经文谓法尚应舍(见六分)。无有定法名阿耨菩提,亦无有定法如来可说(七分)。佛说般若波罗蜜,即非般若波罗蜜(见十三分)。说微尘,即非微尘;说世界,即非世界(见十三分、三十分)。说一合相,即非一合相(见三十分)。说三十二相,即非三十二相(见十三分)。说第一波罗蜜,即非第一波罗蜜;说忍辱波罗蜜,即非忍辱波罗蜜;说一切相,即非一切相;说一切众生,即非一切众生(见十四分)。说一切法,即非一切法;说人身长大,即为非大身;说庄严佛土者,即非庄严(见十七分)。说诸心,皆为非心(见十八分)。说诸相具足,即非具足(见二十分)。说众生,即非众生(见二十一分)。说凡夫,即非凡夫(见二十五分)。说善法,即非善法(见二十三分)。说有我,即非有我(见二十五分)。说我见、人见、众生见、寿者见,即非我见、人见、众生见、寿者见;所有法相者,如来说即非法相(见三十一分)。若人言如来有所说法,即为谤佛;说法者,无法可说（见二十一分）。凡此种种，即《维摩经》之所谓“无有文字语言，是真入不二法门”也。知此，始可悟般若妙理。

余之笺注是经也，斋心祓身，端思勉择，订一字如数契齿，援一义如征丹书。斤斤焉取裁于《骚》之逸、《选》之善，罔敢越轶，自信非穿凿傅会之比。然以椰子之方寸，针孔之两眸，雕锼穿穴，泛滥踳驳，而曰《金刚般若经》之精义在是，吾不敢作是言。对于旧注，颇有订正之处，亦非师心放胆，为蚍蜉撼树之举。此亦当仁不让之义也。

无锡丁福保

# 笺经杂记七

善化瞿相国止庵先生终身不食荤,自知前生系某寺方丈,晚年尤喜内典,读余所注经而善之,并许为余序所注《金刚经》。乃刻未及竣,而善化薨矣,余故自为之序。序竟,因客之问,乃作杂记。

客曰:《金刚经》之注释最多,余所见者已有三十余种,何必更为之笺注?答之曰:《金刚经》之注可分为二派:一为注甚佳而多用佛门术语,不易明白;一为注明白而错误太多。皆非初学之善本,此余之所以重为之笺注也。

客又曰:注佳而初学不易阅者,吾知之矣。注明白而错误太多者,余尚未知,试约举其要。答之曰:第三分"应如是降伏其心",与下文说成两截。"有色无色"至"非有想非无想"及"我相、人相、众生相、寿者相",误解者亦颇多。第六分"如来悉知悉见是诸众生",误以"如来悉知悉见"为一句。第九分"佛说我得无诤三昧人中最为第一",误以"佛说我得无诤三昧"为一句。第十四分"如来说第一波罗蜜",误以为布施。"即为如来以佛智慧悉知是人,悉见是人",误以"即为如来"为一句。第十五分"即为荷担如来阿耨多罗三藐三菩提",误以"即为荷担如来"为一句。第十六分

5

"百分不及一，千万亿分乃至以算数譬喻所不能及"，言我供养诸佛之功德不及持经功德之百分之一、千分之一、万分之一、亿分之一，乃至极小之数几等于零，穷于算数譬喻亦不能及其一，而解者多误。第十七分"若有法如来得阿耨多罗三藐三菩提者，然灯佛即不与我授记：汝于来世当得作佛"，佛言若有法可得无上菩提，则可认法作佛，而不认自性作佛，然灯佛乌肯与我授记，许我来世当得作佛？此正解也。初学颇难索解，浅陋俗本每谓佛言若有法得无上菩提者，则然灯佛即当传以成佛之法，不必许我俟来世方能成佛。此谬说也。初学易为所误，宜细心辨别之。所以二十二分中佛言"我于阿耨多罗三藐三菩提乃至无有少法可得，是名阿耨多罗三藐三菩提"，则知宜认自性作佛，而不可外有所得也。故无所得为最可贵。第十八分"是诸恒河所有沙数佛世界，如是宁为多不"，魏译作"是诸恒河所有沙数佛世界，如是世界，宁为多不"。据此，则知坊本之断句多误矣。其详解见本文下之笺注。兹略举一二，不能详也。或谓：第九分"而实无不来"句，考寿春永庆寺南唐道颙石刻本无"不"字。今子之笺注本，何以仍有"不"字？答曰：陈译作"阿那含名为不来，实无所有能至不来"。据此，则知当有"不"字，不可据石本误改。或又谓：第十分"有所得否"句下，石刻本无"不也"二字，今笺注本何以仍有？答曰：据各家译本均有"不也"二字，亦不可据石本误改。或又谓：第十七分"三藐三菩提心者"两句，石刻本均无"心"字，今笺注本何以仍有"心"字？答曰：考各家译本均有"心"字，故不从石刻本。又十七分中"无有一众生实灭度者,何以故"之下,石刻本无"须菩提"三字,考各家译本均有,故不可从石刻本。总之,经中字数之增减,须参考六译本方为真确,万不可据一种为定本也。

凡经首皆冠以"如是我闻"四字,而注经者均未注明此句之出处,各以空泛之论解之,解说愈多而去题愈远矣。兹将唐人所译之《大般涅槃经后分》、姚秦鸠摩罗什所译之《大智度论》节录于左。

《大般涅槃经后分·遗教品》曰:"阿难(佛呼阿难之名而告之也),如汝所问,如来灭后,结集法藏,一切经初安何等语者。阿难,如来灭后,结集法藏,一切经初当安'如是我闻,一时佛住某方某处,与诸四众而说是经'。"

《大智度论》二:"若诸佛一切智人,自然无师,不随他教,不受他法,不用他道,不从他闻而说法,何以言'如是我闻'?"又曰:"'如是我闻',是阿难等佛大弟子辈说。"又曰:"我三阿僧祇劫所集法宝藏(佛言我以无量数年月所集诸佛妙法之藏),是藏初应作是说:'如是我闻,一时佛在某方某国土某处林中。'何以故?过去诸佛经初皆称是语,未来诸佛经初亦称是语,现在诸佛末后般涅槃时亦教称是语。今我般涅槃后,经初亦应称'如是我闻,一时',是故当知是佛所教,非佛自言'如是我闻'。"《智度论》所言如此。盖佛勉述经者,谓所述均有根据,非自臆说也。

《大般若经》曰,甚深般若波罗蜜多,乃诸佛之母,能生十方一切诸佛菩萨等,疾成正觉。故《金刚经》第八分有曰:

"一切诸佛及诸佛阿耨多罗三藐三菩提法,皆从此经出。"

《十驾斋养新录》五,古读"勿"如"不"。《广韵》"不"与"弗"同。故经内"不也,世尊"之"不"字,均读如"勿"。

客问曰:《金刚经》以何字何句为最紧要?答曰:阿耨多罗三藐三菩提,全经凡二十九见。第二分中之"住"字、"降伏"二字,第十分中之"应无所住而生其心",皆经中最紧要之字句。宜先将此数句之注看熟,然后再阅经文。又此经本为最上乘者说法,所以十四分中之"第一波罗蜜""忍辱波罗蜜",其方法下手处,已不必再说。惟初学者大抵不知何者为般若,何者为忍辱,骤读此经,未免躐等,所以于本文之下节录《发菩提心论》以详证之。此亦令学者补习功课之意,幸勿以其冗长而畏其难。

《文献通考》卷二百二十六:"《金刚般若经》一卷。晁氏曰:'后秦僧鸠摩罗什译。唐僧宗密、僧知恩、皇朝思元仁、贾昌朝、王安石五家注。予弟公愬日诵三过。予靳之曰:汝亦颇知其义乎?对曰:知之。其义明万物皆空,故古人谓以空为宗也。予曰:金刚者,坚固不坏之义也。万物之空,何以谓之金刚?复曰:六如偈其言明甚,独奈何?因语之曰:汝之过,正在以有为法同无为法,以真空同顽空耳。张湛曰:身与万物同有,其有不有;心与太虚同无,其无不无。庶几知此哉。'

"了翁陈氏曰:'佛法之要,不在文字,而亦不离于文字。文字不必多读,只《金刚经》一卷足矣。世之贤士大夫,无营于世而致力于此经者,昔尝陋之,今知其亦不痴也。此经要处只九个字——阿耨多罗三藐三菩提。梵语九字，华言一字，一觉字耳。《中庸》诚字，即此字也。此经于一切有名、有相、有觉、有见，皆扫为虚妄（佛非佛，法非法，众生我相非我相之类）。其所建立者，独此九字（惟阿耨菩提则不曰非阿耨菩提，盖世念尽空，则实体自见也）。其字九，其物一。是一以贯之之一，非一二三四之一也。是不诚无物之物，非万物散殊之物也。年过五十，宜即留意，勿复因循。此与日用事百不相妨，独在心不忘耳。但日读一遍，读之千遍，其旨自明。蚤知则蚤得力。'"（见《文献通考》）

"六祖序：'如来所说《金刚般若波罗蜜》，与法为名，其意谓何？以金刚，世界之宝，其性猛利，能坏诸物。金虽至刚，羚羊角能坏；金刚喻佛性，羚羊角喻烦恼。金虽坚刚，羚羊角能碎；佛性虽坚，烦恼能乱。烦恼虽坚，般若智能破；羚羊角虽坚，宾铁能坏。悟此理者，了然见性。《涅槃经》云："见佛性者，不名众生。"如来所说金刚喻者，只为世人性无坚固，定慧即亡；口诵心行，定慧均等，是名究竟。金在山中，不知是宝，亦不知是山。何以故？为无性故。人则有性，取其宝用。得遇金师，錾凿山破，取矿烹炼，遂成精金，随意使用，得免贫苦。四大身中，佛性亦尔。身喻世界，人我喻山，烦恼为矿，佛性喻金，智慧喻工匠，精进勇猛喻錾凿。身世界中有人我山，人我山中有烦恼矿，烦恼矿中有佛性宝，佛性宝中有智慧工匠。用智慧工匠凿破人我山，见烦恼矿；以觉悟火烹炼，见自金刚佛性了然明净。是故以金刚为喻，因以为名也。'"（见《文献通考》）

宋王安石曰："惟佛世尊具正等觉,于十方刹见无边身,于一寻身说无量义。然旁行之所载,累译之所通,理穷于不可得,性尽于无所住。《金刚般若波罗蜜》为最上乘者,如斯而已矣。"(见《王临川集》卷七十一)

清尤侗曰："经曰:'无所住而生其心。'又云:'过去心不可得,现在心不可得,未来心不可得。'夫心既不可得,又何自而生耶? 慧可问初祖曰:'我心未宁,乞师与安。'祖曰:'将心来,与汝安。'可良久曰:'觅心了不可得。'祖曰:'我与汝安心竟。'盖心不可得者,无心也。无心则心安矣。心安则生其心,安而后能虑也。六祖闻二僧对论,一曰幡动,一曰风动。祖曰:'不是风动,不是幡动,仁者心动。'心动者,心不安也。不安,则或风或幡,有所住矣。故六祖悟道,在'无所住而生其心'也。"(见《艮斋杂说》卷六)

清恽敬《书金刚经后》曰："经曰:'应如是住,如是降伏其心。'曰:'应无所住而生其心。'曰:'应无所住行于布施。'三言而已。《中庸》之言曰:'经纶天下之大经,立天下之大本,知天地之化育。夫焉有所倚?'所谓'无所住',非邪? 曰:'肫肫其仁,渊渊其渊,浩浩其天。'所谓'生其心',非邪? 子贡曰:'如有博施于民而能济众,何如?'孔子曰:'何事于仁,必也圣乎。'所谓'行于布施',非邪?《大学》之言曰:'心有所忿懥,则不得其正。有所恐惧,则不得其正。有所好乐,则不得其正。有所忧患,则不得其正。'所住之过如此。曰:'心不在焉,视而不见,听而不闻,食而不知其味。'不生其心之过如此。"(见《大云山房文稿初集》卷二)

　　唐释慧海曰："万缘俱绝者，即一切法性空是也。法性空者，即一切处无心是。若得一切处无心时，即无有一相可得。何以故？为自性空，故无一相可得。无一相可得者，即是实相。实相者，即是如来妙色身相也。《金刚经》云：'离一切诸相，即名诸佛。'"又曰："般若体，毕竟清净，无有一物可得，是名无法可说。即于般若空寂体中具恒沙之用，即无事不知，是名说法。故云：'无法可说，是名说法。'"又曰："如如是不动义。心真如故，名如如也。是知过去诸佛行此行，亦得成道；现在佛行此行，亦得成道；未来佛行此行，亦得成道。三世所修，证道无异，故名如如也。《维摩经》云，诸佛亦如也，至于弥勒亦如也，乃至一切众生悉皆如也。何以故？为佛性不断有性故也。"（见《顿悟入道要门论》上）

# 金刚般若波罗蜜经

**【笺注】**

此经即《大般若经》中之第五百七十七卷。前后共有六种译本，互有详略。最通行者为罗什译本。唐初玄奘译本，即《大般若经》中所抽出者。

《涅槃经》曰："譬如金刚，无能坏者，而能碎坏一切诸物。"无著云："金刚难坏。"又云："金刚能断。"《三藏法数》二："金刚者，金中最刚，故云金刚。"

《智度论》四十三："般若者，秦言智慧。一切诸智慧中，最为第一、无上、无比、无等，更无胜者。"

《大乘义章》十二："波罗蜜者，是外国语，此翻为度，亦名到彼岸。波罗者岸，蜜者名到。"

《六祖坛经》云："何名般若？般若者，唐言智慧也。一切处所，一切时中，念念不愚，常行智慧，即是般若行。一念愚即般若绝，一念智即般若生。世人愚迷，不见般若，口说般若，心中常愚。若自言我修般若，念念说空，不识真空。般若无形相，智慧心即是。若作如是解，即名般若智。何名波罗蜜？此是西竺语，唐言到彼岸，解义离生灭。着境生灭起，如水有波浪，即名为此岸。离境无生灭，如水常通流，即名为彼岸，故号波罗蜜。"

按：此岸，是轮回生死之苦地。彼岸，是诸佛清净之乐土。

言以最坚利之智慧,渡生死海而到彼岸也。

般若音钵惹。

姚秦三藏法师鸠摩罗什译
无锡丁福保仲祜笺注

【笺注】

十六国时,姚苌建朝号曰秦,故曰姚秦。

经、律、论三者包藏在内,曰三藏。经说定学,律说戒学,论说慧学。通晓此三藏学之翻译师,称曰三藏法师。

鸠摩罗什,父中天竺人,母龟兹(在今新疆)国王女。鸠摩,华言童子。罗什,华言曰寿。合言曰童寿。以年少老成,故名。姚秦时,姚兴迎入关,奉为国师。《晋书》《梁书》皆有传。又见《高僧传》《神僧传》。

# 法会因由分第一

【笺注】

说法之集会，由此起因。相传梁昭明太子将此经分为三十二分，余因其便于诵读，且流传已久，故仍其旧。

如是我闻①：一时②，佛③在舍卫国④祇（音奇）树给孤独园⑤，与大比丘众⑥千二百五十人俱⑦。尔时世尊⑧食时⑨，着（音酌）衣⑩持钵⑪，入舍卫大城乞食⑫。于其城中，次第乞已⑬，还至本处⑭。饭食（音嗣）讫⑮，收衣钵，洗足已⑯，敷座而坐⑰。

【笺注】

① 佛入灭时，阿难请问四事，其第四问："一切经首置何字？"佛答以"后一切经首当置'如是我闻：一时，佛在某处，与某某众若干等'"。此说见《智度论》二。

"是"字指以下全经而言。言如是之学说，我阿难闻之于佛与须菩提之问答。

从"如是我闻"起，阿难叙述说经时之情形，为一经之总序也。按：佛灭后，诸弟子防异见邪说，各以所闻之确实者，叙述而为经典，名曰结集。其法合众弟子组织一会，会中选一人使登高座，彼此互相问答。须会众无一人有异议者,则笔述之,如此经是也。他经亦然。

② 一时者,《佛地论》以二义释之。一、说者听者,刹那相续,说听究竟,法席事毕,总名一时。二、说者听者,共相会遇,无前无后,说听同时,故名一时。

③ 释迦牟尼佛。

④ 舍卫,在中印度境,憍萨罗国之都城名。为别南憍萨罗国,故以都城为国之称。

⑤ 祇树,即祇陀太子之树林也。

给孤独园在舍卫城。昔有长者须达因哀恤孤危,世人遂名之曰给孤长者。其后佛来舍卫城,长者向太子买园居佛,太子并献其林,故云祇树给孤独园。

⑥ 大比丘,比丘之德高年长者也。比丘者,凡出家为佛弟子,受二百五十戒者之总称也。详第三十二分注。

⑦ 隋嘉祥大师疏:"佛初成道,前度五人。次度优楼频螺迦叶、摩诃迦叶,得五百人;次度那提迦叶、迦耶迦叶兄弟二人,各有二百五十弟子,合成千人。次度舍利弗、目连,复得二百五十人,合有一千二百五十五人。今但举其大数,取有名闻者,正云千二百五十也。"

⑧ 释迦牟尼佛共有十号,世尊为十号之一。净影《大经疏》:"佛具众德,为世钦仰,故号世尊。"

⑨ 午时也。佛制,每日仅于午时食一次。

⑩ 袈裟也。

⑪ 钵,比丘之饭器。《智度论》明钵有八种,不许弟子畜金银钵,恐生贪故。不许畜木钵,受垢故。但许畜二种,谓铁、瓦等也。佛自畜石钵也。

⑫《大乘义章》十五:"专行乞食,所谓有二:一者为自,省事修道。二者为他,福利世人。"《法集经》:"行乞食者,破一切憍慢。"

⑬ 乞食不择贫富贵贱,次第而乞,使之各受供养佛之福报。于众生中,有平等之心。

已,止也。

⑭ 本处,即给孤独园。

⑮《论语·乡党》"君祭,先饭"皇疏:"饭,犹食也。"

讫,完也。

⑯ 佛制,跣足而行,故洗之。

⑰ 敷,陈也。座,坐具也。坐,结跏趺坐也。

# 善现起请分第二

【笺注】

　　善现，即须菩提名。起身启请佛法。全部《金刚般若》，皆从善现此问发起。


　　时，长（音掌）老①须菩提②，在大众中，即从座起，偏袒（音但）右肩③，右膝着地④，合掌恭敬⑤，而白佛言⑥："希有世尊⑦，如来⑧善护念⑨诸菩萨⑩，善付嘱⑪诸菩萨⑫。世尊，善男子、善女人⑬，发阿耨多罗三藐三菩提心⑭，云何应住⑮？云何降（音杭）伏其心⑯？"佛言："善哉善哉⑰。须菩提，如汝所说⑱，如来善护念诸菩萨，善付嘱诸菩萨⑲。汝今谛听⑳，当为汝说。善男子、善女人发阿耨多罗三藐三菩提心㉑，应如是住㉒，如是降伏其心㉓。""唯（音委）㉔然㉕，世尊。愿乐（音效）欲闻㉖。"


【笺注】

　　① 长老，道高年长之比丘之通称也。

　　② 须菩提，为佛十大弟子之一。善于解空，又名空生。

　　③ 袒，裸露也。袒右肩，免去右肩之衣也。

④ 此为印度之敬礼法。以右膝右指先着于地，使右股在空，左膝上竖，左足裸着地。此为有所启请之仪也。

⑤ 合左右两手掌，合十指，为表吾心专一之敬礼法。中国以拱手为敬，印度以合掌为敬。

⑥ 白，表白之义。

⑦ 嘉祥《法华疏》三："旷世所无，故言希有。"

⑧ 如来亦为佛十号之一。如者寂然不动，来者感而遂通。此佛之真性，故称佛为如来。《大日经疏》一："如诸佛乘如实道（真如平等，体离虚妄，故曰如实）来成正觉，今佛亦如是来，故名如来。"

⑨ 护念，保护忆念也。《无量寿经》上："无量诸佛，咸共护念。"

⑩ 菩萨具自利利他之道。言如来起慈悲心，善能护持眷念众菩萨，使之信受也。

⑪ 付，付与法物也。嘱，嘱托振兴佛法也。

⑫ 善护念、付嘱二句，颂佛对菩萨之恩德，善育又善教也。《六祖坛经》五祖曰："昔达磨大师初来此土，人未之信，故传此衣，以为信证，代代相承。法则以心传心，皆令自悟自证。自古佛佛惟传本体，师师密付本心。衣为争端，止汝勿传。若传此衣，命如悬丝。汝须速去。"按：此亦五祖善付嘱之一证也。

⑬ 佛称在家出家之男女，通谓之曰善男子、善女人。

⑭ "阿耨多罗三藐三菩提"，本经凡二十九见。若此句不解，则全经均不能解。然古来注释家，仅注曰无上之正等正觉。《净土论注》曰："佛所得法，名为阿耨多罗三藐三菩提。阿为无，耨多罗为上，三藐为正，三为遍，菩提为道。统而译之，名为无上正遍道。新译无上正等正觉。"按：言觉知真正平等之一切真

理,谓无上之智慧也。

《法华玄赞》曰:"阿云无,耨多罗云上,三云正,藐云等,菩提云觉,即是无上正等正觉。"

余阅以上二说,仍不甚了了。后读唐译《华严经》七十四,至"发菩提心受生藏",始得确解。其言曰:"善男子,此菩萨发阿耨多罗三藐三菩提心。所谓起大悲心,救护一切众生故。起供养佛心,究竟承事故。起普求正法心,一切无悋故。起广大趣向心,求一切智故。起慈无量心,普摄众生故。起不舍一切众生心,被求一切智坚誓甲故。起无谄诳心,得如实智故。起如说行心,修菩萨道故。起不诳诸佛心,守护一切佛大誓愿故。起一切智愿心,尽未来化众生不休息故。菩萨以如是等佛刹微尘数菩提心功德,故得生如来家。"其后又读《华严经·行愿品》至卷四十,有十种广大行愿,其第九种为恒顺众生,诠解阿耨多罗三藐三菩提更为明晰。学者宜先将此段读熟,则再读《金刚经》可也。《华严经·行愿品》曰:"言恒顺众生者,谓尽法界、虚空界十方刹海(陆水),所有众生种种差别,所谓卵生、胎生、湿生、化生,乃至有色、无色,有想、无想、非有想非无想,如是等类,我皆于彼随顺而转,种种承事,种种供养,如敬父母,如奉师长,及阿罗汉乃至如来等无有异。于诸病苦为作良医,于失道者示其正路,于暗夜中为作光明,于贫穷者令得伏藏(潜藏之金银)。菩萨如是平等饶益一切众生。何以故?菩萨若能随顺众生,则为随顺供养诸佛。若于众生尊重承事,则为尊重承事如来。若令众生生欢喜者,则令一切如来欢喜。何以故?诸佛如来以大悲心而为体故。因于众生而起大悲,因于大悲生菩提心,因菩提心成等正觉。譬如旷野沙碛之中,有大树王,若根得水,枝叶华果悉皆繁茂。生死旷野菩提树王,亦复如是。一切众生而为树根,诸佛菩萨而为华果。以大悲水饶益众生,则能成就诸佛菩萨智慧华果。何以故?若诸菩萨以大悲水饶益众生,则能成就阿耨多罗三藐三菩提故。是故菩提属于众生,若无众生,一切菩萨终不能成无上正觉。善男子,汝于此义应如是解。以于众生心平等故,则能成就圆满大悲。以大悲心随众生故,则能成就供养如来。菩萨如是随顺众生,虚空界尽、从生界尽、众生业尽、众生烦恼尽,我此随顺无有穷尽,念念相续,无有间断,身语意业无有疲厌。"

⑮ 或作"应云何住"。住,安住也。言大悲救护众生之心方萌,当住于何处?

《发菩提心论》十二:"为修善根,求菩提故,不舍有为。为诸众生修大悲故,不住无为。为一切佛真妙智故,不舍生死。为度无边众生令无余故,不住涅槃。是名菩萨摩诃萨深心求阿耨多罗三藐三菩提。"按:据此论,既不舍有为,又不住无为;既不舍生死,又不住涅槃。然则当住于何处耶?故须菩提有此问。

⑯ 唐译作"云何摄伏其心"。

《发菩提心论》第一:"舍身命财,摄伏贪恪。"又曰:"行毕竟忍辱,调伏瞋痴。"又第八:"修禅定者,善摄其心。一切乱想,不令妄干。"

以上须菩提语。

⑰《智度论》:"欢喜赞言善哉善哉。再言之者,喜之至也。"

⑱ 如者,然之之辞。《法华经·譬喻品》:"善哉善哉,如汝所言。"

⑲ 佛赞须菩提所说如来二句甚善,以其能知如来之心也。

⑳《说文》:"谛,审也。"

㉑《发菩提心论》:"菩萨发心,慈悲为首。菩萨大慈无量无边,是故发心无有齐限,等众生界,譬如虚空无不普覆。菩萨发心

亦复如是,一切众生,无不覆者。如众生界无量无边不可穷尽,菩萨发心亦复如是,无量无边无有穷尽。虚空无尽,故众生无尽;众生无尽,故菩萨发心等众生界。众生界者,无有齐限。"

㉒ 佛言应依菩提心而住。《大般若经》曰:"善现(须菩提)白佛:'求无上菩提,应云何住?'告曰:'当于一切有情(众生)住平等心,不应住不平等心。当于起平等心,不应起不平等心。当以平等与语,不应不平等与语。当于一切有情起大慈心与语,不应起嗔恚心与语。当起大悲心语,不应起恼害心语。当起大喜心语,不应起嫉妒心语。当起大舍心语,不应起偏党心语。当起谦下心语,不应起憍慢心语。当起质直心语,不应起谄诈心语。当起调柔心语,不应起刚强心语。当起利益心语,不应起不利益心语。当起无碍心语,不应起有碍心语。当起如父母、兄弟、姊妹、男女、亲族、朋友、亲教师、轨范师,如弟子、同学等心,亦应以此心应与共语。当起应救济、怜愍、覆护等心,亦应以此心应与共语。应自离害生命邪见,及修六度等,亦应劝他、称扬他、喜赞他,为之自他两利。若菩萨由是般若波罗蜜多,如法受持,经一念顷,当获无量无边不可思议功德。况无间常修,恒住菩提,相应作意。'"

㉓ 佛言应依菩提心而降伏其心。《大般若经》曰:"我应饶益一切有情,何容于中反作衰损?我应恭敬一切有情,如仆事主,何容于中反生憍慢,毁辱凌蔑?我应忍受一切有情捶打呵骂,何容于彼反以暴恶身语加报?我应和解一切有情,令相敬爱,何容反起悖恶语言,于彼乖诤?我应忍受一切有情长时履践,犹如道路,亦如桥梁,何容反加凌辱?我求无上正等菩提,为拔有情生死大苦,令得究竟安乐涅槃,何容反欲加之以苦?我应从今时尽未来际,如暗如痖,如聋如盲,于诸有情无所分别。纵使斩截头足手臂,挑目割耳,劓鼻截舌,锯解一切身分支体,于彼有情终不起恶。

若我起恶,则便退坏所发无上正等觉心,障得所求一切智智,不能利益安乐有情。"

以上佛语。

㉔ 须菩提诺其佛之言也。

㉕ 是其言也。

㉖ 乐,好之也。

# 大乘正宗分第三

【笺注】

《法华经·譬喻品》："若有众生，从佛世尊，闻法信受，勤修精进，求一切智、佛智、自然智、无师智，如来知见、力、无所畏，愍念安乐无量众生，利益天人，度脱一切，是名大乘。"

晋之道安，初科节（分章节也）诸经而立三分：一、序分，序本经之因由也。二、正宗分，即本经之所说也。三、流通分，举本经之利益，劝正说之流通也。

佛告须菩提："诸菩萨摩诃萨①，应如是降伏其心②。所有一切众生之类③，若卵生④、若胎生⑤、若湿生⑥、若化生⑦，若有色⑧、若无色⑨，若有想⑩、若无想⑪、若非有想非无想⑫，我皆令入无余涅（音捏）槃（音盘）而灭度之⑬。如是灭度无量⑭、无数⑮、无边⑯众生，实无众生得灭度者⑰。何以故？须菩提，若菩萨有我相⑱、人相⑲、众生相⑳、寿者相㉑，即非菩萨㉒。"

【笺注】

① 摩诃，大也。摩诃萨，谓菩萨中之大者。

功德施菩萨曰："菩萨摩诃萨,其义云何? 于菩提处有决心,菩萨也。于一切众生,誓与利益,摩诃萨也。"

《大般若经》曰："勤求无上正等菩提,利乐有情(众生),故名菩萨。具如实觉(真如平等,体离虚妄,故曰如实),能遍了知一切法相,而无所执,故复名摩诃萨。"

② 佛言应依菩提心而降服其心。即菩萨不可自以为我有大悲救护众生之心也。如有此心,则我与众生已有分别心而非平等,即非菩萨。此心起时,应如菩提心而降伏之。

③《无量寿经》慧远疏上:"举一名余,故云一切。"《般若灯论》:"有情者数数生,故名众生。"《大乘义章》七:"多生相续,名曰众生。"

④ 卵生为四生之一,依卵壳而生者。《大乘义章》八:"如诸鸟等,依于卵壳而受形者,名为卵生。"

⑤ 胎生为四生之一。如人类在母胎内,完具身体而生者。《俱舍论》八:"有情类生从胎藏,是名胎生,如象、马、牛、猪、羊、驴等。"

⑥ 湿生为四生之一。如蛇、蛟等依湿受形而生者。

⑦ 化生为四生之一。无所依托,唯依业力而生者,如诸天与地狱及劫初之众生皆是也。

⑧ 欲界与色界之有情有色身者,名有色。天台之《金刚经疏》:"有色即欲、色二界,无色即空处。"长水之《金刚经刊定记》四:"有色即以色为身,无色即以四蕴为身。"

⑨ 注详上句。

⑩ 有想,对"无想"之语。无想天之对于有情,故名有想。

⑪ 无想即无想天,在色界四禅天之上,即净梵天之第一天也。

⑫《智度论》名非有想非无想,《俱舍论》谓之非想非非想。在无色界之第四处,即三界之最上也。生于此处者,不如地下之有粗想烦恼,故名非有想。又名非想。尚有细想之烦恼,故名非无想。又名非非想。名非有想之故,外道即以此处为真涅槃处。名非无想之故,佛者知此处尚为生死之境。

三界共分三十层天。其最低者曰欲界天,内分六层:一曰四天王天;二曰忉利天,又名三十三天;三曰须夜摩天;四曰兜率天;五曰化率天;六曰他化自在天。欲界之上曰色界,内分二十层:一曰梵天,二曰梵众天,三曰梵辅天,四曰大梵天,(自一至四,名初禅天。)五曰少光天,六曰无量光天,七曰光音天,(自五至七,名二禅天。)八曰少净天,九曰无量净天,十曰遍净天,(自八至十,名三禅天。)十一曰无云天,十二曰福生天,十三曰广果天,(自十一至十三,名四禅天。)十四曰无想天,十五曰无烦天,十六曰无热天,十七曰善见天,十八曰色究竟天,十九曰和音天,二十曰大自在天。(自十四至二十,名净梵天。)色界之上曰无色界,内分四层:一曰空无边处,二曰识无边处,三曰无所有处,四曰非想非非想处。(自一至四,名四空天。)

王日休曰:"若卵生者,如大而金翅鸟,细而虮虱是也。若胎生者,如大而狮象,中而人,小而猫鼠是也。若湿生者,如鱼鳖鼋鼍,以至水中极细虫是也。若化生者,如上而天人,下而地狱,中而人间米麦果实等所生之虫皆是也。上四种谓欲界众生。若有色者,色谓色身,谓初禅天至四禅天诸天人,但有色身,而无男女之形,已绝情欲也。此之谓色界。若无色者,此谓无色界诸天人也。此在四禅天之上,唯有灵识,而无色身,故名无色界。若有想者,此谓有想天诸天人也。此天人唯有想念,故自此已上,皆谓之无色界,不复有色身故也。若无想者,此谓无想天诸天人也,在有想天之上。此天人一念寂然不动,故名无想天。若非有想非无想者,此谓非想非非想天诸天人也。此天又在无想天之上。其天人一念寂然不动,故云非有想;然不似木石而不能有想,故云非无想。此天于三界诸天为极高,其寿为极长,不止于八万劫而已。"

⑬《大乘义章》十八:"外国涅槃,此翻为灭。灭烦恼故,灭生死故,名之为灭。离众相故,大寂静故,名之为灭。"

《智度论》三十一:"涅槃是第一法、无上法。是有二种:一、有余涅槃,二、无余涅槃。爱等诸烦恼断,是名有余涅槃。圣人今世所受五众(即五蕴)尽,更不复受,是名无余涅槃。"

有余涅槃者,为生死因之惑业已尽,尚余有漏之依身苦果也。无余涅槃者,为生死因之惑业已尽,更灭依身之苦果,而无所余也。

《涅槃经》二十九:"灭生死故,名为灭度。"《肇论》:"灭度者,言其大患永灭,超度四流。"

王日休曰:"梵语涅槃,此云无为。《楞伽经》云:'涅槃乃清净不死不生之地,一切修行者之所依归。'然则涅槃者,乃超脱轮回、出离生死之地,诚为大胜妙之所,非谓死也。世人不知此理,乃误认以为死,大非也。此无余涅槃,即大涅槃也。谓此涅槃之外,更无其余,故名无余涅槃。此谓上文尽诸世界所有九类众生,皆化之成佛,而得佛涅槃也。"

⑭《摄大乘释》八:"不可以譬类得知为无量。"

⑮ 无数,梵语阿僧祇。《智度论》:"僧祇,秦言数;阿,秦言无。译无央数。"

⑯《起信论》:"虚空无边,故世界无边。世界无边,故众生无边。众生无边,故心行差别亦复无边。"

⑰ 度无量众生,即以自度,故曰"实无众生得灭度者"。

《功德施菩萨论》云:"如是灭度无量众生,实无众生得灭度者,菩萨慈爱一切众生同于己故,众生灭度,即我非他,是名爱摄。"

隋嘉祥大师疏:"菩萨虽度众生,实无众生可度,即是降伏众生见也。又菩萨若言有众生可度,即是常见;若言无众生可度,则是断见。今虽度众生,实无所度,故降伏常见;虽无所度,而常度众生,故降伏断见也。"

或曰:"众生本具佛性,但不能自悟,佛即因其性而开悟之。其得灭度者,皆自性自度,灭度之者何功哉?"此说不如前说之精,录之以备参考。

⑱ 一、我相。谓众生于五蕴法中,若即若离,妄计我、我所有之实,是名我相。见《三藏法数》十五。

相者,事物之相状表于外,可想像于心者也。或曰:"心着于贪之一边,则为己私计,是有我相。"

⑲ 二、人相。谓众生于五蕴法中,妄计我是人,我生人道,异于余道,是名人相。见《三藏法数》十五。

⑳ 三、众生相。谓众生于五蕴法中,妄计色、受、想、行、识众共而生此身,是名众生相。见《三藏法数》十五。

㉑ 四、寿者相。谓众生于五蕴法中,妄计我受一期(一世也)寿命,或长或短,是名寿者相。见《三藏法数》十五。

㉒ 六祖曰:"修行人亦有四相。心有所能,轻慢众生,是有我相。自恃持戒,轻破戒者,是有人相。厌三途苦,愿生诸天,是有众生相。心爱长年,而勤修福业,法执不忘,是有寿者相。有四相即众生,无四相即是佛。"

若讷曰:"如来不以度众生为功,而了无所得,以其四种相尽除也。《圆觉经》云:'未除四种相,不得成菩提。'菩萨发菩提无上道心,受如来无相教法,岂应有四种相哉?设若有一于此,则必起能度众生之心,是众生之见,非菩萨也。菩萨与众生本无异性,悟则众生是菩萨,迷则菩萨是众生。有无此四种相,在夫迷悟如何耳。"

　　以上皆佛语。

# 妙行无住分第四

【笺注】

妙行者,殊妙之行法也。《大方等陀罗尼经》四:"不离善友,常说众生妙行。"

《维摩经·观众生品》:"从无住本,立一切法。"什注曰:"法无自性,缘感而起。当其未起,莫知所寄。莫知所寄,故无所住。无所住故,则非有无。非有无而为有无之本。"

"复次<sup>①</sup>,须菩提,菩萨于法<sup>②</sup>,应无所住<sup>③</sup>行于布施。<sup>④</sup>所谓不住色布施,不住声、香、味、触、法布施。<sup>⑤</sup>须菩提,菩萨应如是布施<sup>⑥</sup>,不住于相<sup>⑦</sup>。何以故<sup>⑧</sup>?若菩萨不住相布施,其福德不可思量<sup>⑨</sup>。须菩提,于意云何?<sup>⑩</sup>东方虚空<sup>⑪</sup>可思量不<sup>⑫</sup>?""不也<sup>⑬</sup>,世尊。"<sup>⑭</sup>"须菩提,南西北方、四维上下虚空可思量不<sup>⑮</sup>?""不也,世尊。"<sup>⑯</sup>"须菩提,菩萨无住相布施,福德亦复如是不可思量<sup>⑰</sup>。须菩提,菩萨但应如所教住<sup>⑱</sup>。"

【笺注】

①"复次"二字,经中凡四见。注家谓是再编次佛与须菩提答问之言。或谓是须菩提起座请问,佛命其仍复位次,使之定则

生慧。或谓佛之说经,岂必一日完讫? 有入城乞食时,有饭食洗足时,有入定时,其所停辍者,固可想见。则所谓"复次"者,必是再行敷座而坐,更为讲说也,故叙经者加之以此云云。然《地藏经》每段均有"复次"二字,按其文义,似为连缀上下文之接续辞。

② 魏、隋、唐四译"法"皆作"事",陈译"法"作"己类",可见法即菩萨自己所行之法事,指下布施事也。

③ 陈译"住"皆作"着"。住、着同也。

天亲菩萨曰:"无所住者,谓不着报恩。报恩者,谓供养恭敬种种等门。"

《文殊般若经》:"佛告文殊师利:'当云何住般若波罗密?'文殊言:'以不住法,为住般若波罗密。'复问:'云何不住法,名住般若波罗密?'文殊言:'以无住相,即住般若波罗密。'"

《三昧经》:"如来所说法,悉从于无住。我从无住处,是处礼如来。"

④《大般若经》曰:"三轮体空(施者、受者、所施之物,名曰三轮)悉清净者,谓无自想,无他想,无施想。不执我为施,彼为受,不着施及施果(不执着所施之物及施后之果报),名为净。有是三者,不名谓净。"

《发菩提心论》:"云何菩萨修行布施? 布施若为自利利他及二俱利,如是布施,则能庄严菩提之道。菩萨为欲调伏众生,令离苦恼,是故行施。修行施者,于己财物常生舍心;于来求者起尊重心,如父母、师长、善知识想;于贫穷下贱起怜愍心,如一子想,随所须与,心喜恭敬。是名菩萨初修施心。修布施故善名流布,随所生处财宝丰盈,是名自利。能令众生心得满足,教化调伏使无悭恪,是名利他。以己所修无相大施,化诸众生令同己利,是名俱利。因修布施,获得转轮王位,摄受一切无量众生,乃至得佛无尽法藏,是名庄严菩提之道。施有三种:一、以法施,二、无畏施,三、财物施。以法施者,劝人受戒,修出家心,为坏邪见,说断常四倒(颠倒之妄见)众恶过患,分别开示真谛之义,赞精进功德,说放逸过恶,是名法施。若有众生怖畏王者、师子、虎狼、水火、盗贼,菩萨见已,能为救护,名无畏施。自于财物施而不悋,上至珍宝、象马、车乘、缯帛、谷麦、衣服、饮食,下至抄团、一缕之线,若多若少,称求者意,随所须与,是名财施。"

⑤ 色、声、香、味、触、法者,六尘也。此六尘者,或为布施物,或为果报品,皆所不恋着也。

《三藏法数》二十八:"六尘:一、色尘,青黄赤白之色,及男女形貌色等,是名色尘。二、声尘,丝竹环佩之声,及男女歌咏声等,是名声尘。三、香尘,旃檀沉木饮食之香,及男女身分所有香等,是名香尘。四、味尘,种种饮食肴膳美味等,是名味尘。五、触尘,触即着色,男女身分柔软细滑及妙衣上服等,是名触尘。六、法尘,意根对前五尘,分别好丑,而起善恶诸法,是名法尘。"

⑥ 如是,指上不住色、声、香、味、触、法。

⑦ "相",魏、陈、隋、唐五译皆作"相想"。

《功德施菩萨论》曰:"不住于相想,此义云何?谓诸菩萨第一义中,施者、受者及以施物,名义智境诸想不生,是即伏心,因以清净。"

天亲菩萨曰:"云何菩萨降伏其心?偈云:'调伏彼中事,远离取相心,及断种种疑,亦防生成心。'所谓不见施物、受者及施者。"

隋嘉祥大师疏:"以菩萨不见三事,故行布施,名为降伏。言三事者,谓施者、受者、财物等。以不见财物故,得诸法空。不见施者、受者故,得众生空。以得此二空,即是降伏人法见也。"

⑧ 故者,原因也,谓以何原因也。以福德无量之故,而不住

于相布施。

凡言"何以故",皆为倒装论点法,持论之断结在前,举证在后。如此经文,先断言曰"应不住相布施",后举证曰"其福德不可思量"。在论理学上,正为先断案而后前提,故曰倒装论点。兹于注间将论点正装之,曰以福德无量之故,而不住于相布施,则知"何以故"三字,实为装置论点正倒之中枢。上下文义,自可晓然。后仿此。

⑨ 一切善行,名福德。又善行所得之福利,亦名福德也。《无量寿经》:"福德自然。"

思量者,对于事理之思虑量度也。《法华经·方便品》:"是法非思量分别之所能解。"

《大般若经》曰:"上至诸佛,下至旁生,平等平等,无所分别。何以故?自相皆空,都无差别。因无分别,行六度梵行等无相功德,谓圆满一切相智,及余无量诸佛功德。若菩萨见乞丐及旁生,起是念云:如来是福田,我应施与及供养恭敬。旁生等非福田故,不应施与所须资具。是菩萨起如是念者,即非菩萨。所以者何?求趣无上菩提,要净自心,福田方净。故见乞者,不应作是念('是'字指上文),应作是念('是'字指下文):我发菩提心者,非为己利,原为尽十方遍法界,一切极苦有情之所依怙,岂以分别高下,应以平等施而摄益之。兼以善慰调勉,引趣无上菩提,同证无生,方满己愿。何以故?是菩萨恒作是念:我为利乐诸有情故,而受此身。诸有来求,定当施与,不应不施。故见乞者,便起是心:吾今此身,本为他受,彼不来取,尚应自送,况来求索,而当不与。作是念已,欢喜踊跃,自解支节,而授与之。复作是言:今获大利而不思报,其福无边矣。"

⑩ 于汝意中,以为如何?所问之事,皆在下文。以后凡佛问

"须菩提，于意云何"者，其所问事，亦指下文而言。

⑪《兜沙经》："东方极远不可计。"《法华经·序品》："东方万八千世界。"

《广雅·释诂》："虚，空也。"《起信论》："虚空无边，故世界无边。"

⑫ 不音否，未定之辞。

以上皆佛语。

⑬ 不，不然也。

⑭ 须菩提答：东方不可思量。

⑮ 四维，东南、西南、东北、西北之四隅也。《兜沙经》："南方极远不可计。"又："西方极远不可计。"又："北方极远不可计。"又："东北方极远不可计。"又："东南方极远不可计。"又："西南方极远不可计。"又："西北方极远不可计。"又："上方极远不可计。"又："下方极远不可计。"

以上佛语。

⑯ 须菩提答：南西北方上下虚空不可思量。

⑰ 如是，指十方虚空不可思量。

⑱ 前须菩提问"云何应住"，故此处佛告须菩提"应如所教住"。所教者，即回指前文不住相之布施也。此以不住为住，即《华严经》住无所住之法也。

无所住，斯为菩萨之住。菩萨修六度，而布施为首。即布施不住相，则六度可知。布施不住六尘，则六根六识可知。此其心不住相，乃为真住也，故曰"菩萨但应如所教住"。

莲池大师曰："经中言语虽多，总是说真空无相妙理，以化度众生。必众生能安住降伏，不生我、人、众、寿四相，乃可到涅槃地位。说布施者，不过令修行者易于入门耳，不甚重。一经大意，已尽此矣。此以下，不过反复辨明无相之意。深恐人一有相，便不能安住降伏也。"

陈雄曰："佛谓所教之住，与《华严经》住无所住同。如来教菩萨法，不过住无所住之法。菩萨受如来教，非敢变异，但当如其所教者，以无住为住处。《楞伽经》云：'得住般若波罗蜜。'"

梁傅大士曰："欲知檀貌状（檀即布施也），如空遍十方。佛云：'菩萨无住相布施，福德亦复如此虚空不可思量测度。'菩萨当如佛所指教处住。佛教所谓住者，湛若十方，空无所住而住。颂曰：'若论无相施，功德极难量。行悲济贫乏，果报不须望。凡夫情行劣，初且略称扬。欲知檀状貌，如空遍十方。'"

以上佛语。

# 如理实见分第五

【笺注】

　　觉非曰："色身有相,法身无相。有相见形,无相见理,故曰如理实见,谓实见本性如来也。"

　　"须菩提,于意云何,可以身相见如来不?"①"不也,世尊。不可以身相得见如来。何以故? 如来所说身相,即非身相。②"佛告须菩提:"凡所有相③,皆是虚妄④。若见诸相非相⑤,即见如来⑥。"

【笺注】

　　① 身相,色身之相貌也。《圆觉经》:"妄认四大为自身相。"
以上佛语。

　　② 须菩提言,佛说身相为四大假合,故身相即非身相。《圆觉经》:"恒作此念:我今此身四大和合,所谓发毛、爪齿、皮肉、筋骨、髓脑、垢色皆归于地,唾涕、脓血、津液、涎沫、痰泪、精气、大小便利皆归于水,暖气归于火,动静归于风。四大各离,今者妄身当在何处?"

　　以上须菩提语。

　　③ 佛更为广其义,不独身相,并推及于所有一切相。

④ 不实曰虚,反真曰妄。《功德施菩萨论》曰:"凡所有相,皆是虚妄。诸相非相,即非虚妄。非虚妄者,所谓真实。以真实故,名曰如来。诸相若存,是虚妄矣。"

⑤ 四大和合,皆有生灭。生灭乘除,相即非相。

⑥ 惟生灭既泯,而真如乃见。见真如,即见如来也。

般若本性,元无形相,所谓"本来无一物"是也,即是如来体。修般若者,别无他道,惟复其无相本体而已。然则无相是般若本来面目,无相乃是实相。见性者,见此也。明乎此,即见如来。

《摩诃般若波罗蜜经》云:"文殊师利即白佛言:'如是,世尊。我实来此,欲见如来。何以故?我乐正观,利益众生。我观如来如如相、不异相、不动相、不作相,无生相、无灭相,不有相、不无相,不在方、不离方,非三世、非不三世,非二相、非不二相,非垢相、非净相。以如是等正观如来利益众生。'佛告文殊师利:'若能如是见于如来,心无所取,亦无不取。'尔时舍利弗语文殊师利言:'若能如汝所说见如来者,甚为希有。'"

以上佛语。

# 正信希有分第六

【笺注】

正者对邪而言。正信者，信正法之心也。《维摩经·方便品》："受诸异道，不毁正信。"《起信论》："起大乘正信。"

希有，谓甚少也，无类也。嘉祥《法华疏》三："旷世所无，故言希有。"

须菩提白佛言："世尊，颇有众生①，得闻如是言说章句②，生实信不③?"佛告须菩提："莫作是说④。如来灭后，后五百岁，⑤有持戒修福者⑥，于此章句，能生信心⑦，以此为实⑧。当知是人⑨，不于一佛、二佛、三四五佛而种善根，已于无量千万佛所种诸善根⑩。闻是章句⑪，乃至一念⑫生净信者⑬。须菩提，如来悉知悉见是诸众生⑭，得如是无量福德⑮。何以故？是诸众生，无复我相、人相、众生相、寿者相⑯。无法相⑰，亦无非法相⑱。何以故？是诸众生，若心取相⑲，即为着我、人、众生、寿者⑳。若取法相，即着我、人、众生、寿者。何以故㉑？若取非法相，即着我、人、众生、寿者。是故不应取法，不应取非法。㉒以是义故㉓，如来常说，汝等比丘㉔，知我说法如筏喻者㉕，法尚应舍㉖,何况非法㉗?"

【笺注】

① "众生",陈译作"菩萨",玄奘译作"有情"。

② 陈译作"听闻正说如是等相此经章句",玄奘译作"闻说如是色经典句",义净译作"闻说是经",魏译作"修多罗章句"。修多罗,华言经也。

如是,指前第四、第五两分佛所说者。

言说,佛五种说法之一,谓以声音说法者也。《三藏法数》十九:"如来五种说法:一、言说,二、随宜,三、方便,四、法门,五、大悲。"

章句,谓分其章节句读也。《汉书·夏侯胜传》:"与《尚书》相出入者,率引以次章句。"

③ 实信,真实之信仰也。

以上须菩提语。

④ 莫,止之之辞。

⑤《法华经·劝发品》:"后五百岁浊恶世中。"

《中论》一:"佛灭度后,后五百岁像法中,人根转钝,深着诸法。"疏曰:"后五百岁者,此是五百岁后耳。《智度论》释《信毁品》云:'佛灭度后五百岁后,有五百部。'则其证也。像法中者,初五百岁为正法,后五百岁则属像法。"按:嘉祥《法华义疏》四:"《大论》佛法凡有四时:一、佛在世时。二、佛虽去世,法仪未改,谓正法时。三、佛去世久,道化讹替,谓像法时。四、转复微末,谓末法时。"

⑥ 持戒者,持菩萨戒也。

修福者，修行福德，布施是也。

⑦ 信受所闻所解之法而无疑者，名信心。《俱舍论》四："信者，令心澄净。"

⑧ 此承上文"如是"所指。

⑨ "是人"，魏、陈、隋及唐玄奘译皆作"菩萨摩诃萨"，义净译作"菩萨"。

⑩ 此是追原其有生以前，在千万佛处种诸善根。《维摩经·菩萨行品》："不惜躯命，种诸善根。"什注曰："谓坚固善心，深不可拔，乃名根也。"

六祖曰："何谓种诸善根？所谓于诸佛所，一心供养，随顺教法；于诸菩萨、善知识、师僧父母、耆年宿德尊长之处，常行恭敬供养，承顺教命，不违其意。是名种诸善根。于一切贫苦众生，起慈愍心，不生轻厌；有所需求，随力惠施。是名种诸善根。于一切恶类，自行柔和忍辱，欢喜逢迎，不逆其意，令彼发欢喜心，息刚戾心，是名种诸善根。于六道众生，不加杀害，不欺不贱，不毁不辱，不骑不棰，不食其肉，常行饶益，是名种诸善根。"

王日休曰："何谓种善根乎？至诚称其佛号，或拈香一炷，或为一拜，或以一物供养，皆谓之种善根。"

⑪ 持戒闻经者。

⑫ 乃至，示最少之语。乃至一念者，谓最少之念也。《无量寿经》下："诸有众生，闻其名号，信心欢喜，乃至一念，至心回向，愿生彼国，即得往生。"

⑬ 净信，清净之信心也。《仁王经》中："一念净信。"无著菩萨曰："一心净信，尚得如是，何况生实想也？"六祖曰："信心者，信般若波罗蜜能除一切烦恼，信般若波罗蜜能成就一切出世功德，信般若波罗蜜能出生一切诸佛，信自身佛性本来清净、无有染污，

与诸佛性平等无二,信六道众生本来无相,信一切众生尽得成佛,是名净信心也。"

⑭ 魏译作"如来悉知是诸众生,如来悉见是诸众生",陈、隋、唐四译略同。可见"是诸众生"应属上读,俗离句者非。

⑮ 如是,指千万佛所种诸善根而言。

⑯ 详第四分注。

⑰ 诸法,性一而相殊。其殊别之相,可自外见者,名曰法相。《大乘义章》二:"一切世谛有为无为,通名法相。"《维摩经·佛国品》:"善解法相,知众生根。"

⑱ 相尽于生、住、异、灭四者,实只生、灭二者,生、灭相消,法相即非法相。既无法相,故亦无非法相。《功德菩萨论》曰:"第一义,法本不生,故无法相。以不生故,亦无有灭,故无非法相。此谓了知法无我性。"

⑲ 若,假若也。设证之词。

取相者,取执事物之相之妄惑也。

⑳ 《大乘义章》二:"缠爱不舍名着。"《释门归敬仪》中:"着是病本。"《法华经·方便品》:"吾从成佛已来,种种因缘,种种譬喻,广演说教,无数方便,引导众生,令离诸着。"

㉑ 此三字,或谓衍文。

㉒ 无法相者,以真如本体不在语言文字之间。若取法相,与执着四相一般。若取非法相,又涉断灭见,与前着四相又何异焉?是故不应取法相而以为有,亦不应取非法相而以为无。则性体之中,浑然形迹两忘矣。李文会曰:"不取法、不取非法者,此谓有无俱遣,语默双忘。若取法相,即有法执。若取非法,即有空执。有执则烦恼炽然,无执则信心清净。"

㉓ 义者,理由也。承上无我、无相、无法而总结之。

㉔ 比丘，详第三十二分注。

㉕ 筏，编竹木成牌以渡人者。喻，比喻也。

㉖《大乘义章》十二："亡怀称舍。心无存着，故曰亡怀。"

㉗《功德施菩萨论》曰："此如欲济川，先应取筏，至彼岸已，舍而去之。世尊亦尔，欲度苦流，假资粮筏，超一切果，登涅槃岸。乐因尚离，何况苦因。"

法尚应舍，不应取法也。何况非法，不应取非法也。谓之法者，即一切善法是也。非法者，即断灭法是也。傅大士曰："中流仍被溺，谁论在二边？有无如取一，即被污心田。"《楞严经》云："妄真同二妄，空有二俱非。"三祖云："才有是非，纷然失心。"观于此，益信般若心中纤尘不立，何有法、非法之相哉？

以上佛语。

# 无得无说分第七

了悟真空，无法可得，无言可说。

"须菩提，于意云何，如来得阿耨多罗三藐三菩提耶？如来有所说法耶？①"须菩提言："如我解佛所说义②，无有定法名阿耨多罗三藐三菩提③，亦无有定法如来可说④。何以故？如来所说法，皆不可取⑤，不可说⑥，非法，非非法。⑦所以者何？一切贤圣⑧皆以无为法⑨而有差别。⑩"

【笺注】

① 佛谓汝以如来无上菩提之法，果有得于己耶？抑以此法有所说而教之人耶？

以上佛语。

② "义"字顶上章"以是义故"来，即指不应取法、取非法说。

③《发菩提心论》："菩萨云何发菩提心？以何因缘修集菩提？若菩萨亲近善知识，供养诸佛，修集善根，志求正法，心常柔和，遭苦能忍，慈悲淳厚，深心平等，信乐大乘，求佛智慧。若人能具如是十法，乃能发阿耨多罗三藐三菩提心。复有四缘，发心修习无上菩提。何谓为四？一者思惟诸佛发菩提心，二者观身过患

发菩提心，三者慈愍众生发菩萨心，四者求最胜果发菩提心。"按：阿耨多罗三藐三菩提虽无定法，然据此论，则可得其大略，唯不可拘执此说耳。

④须菩提言，如我心中悟佛所说义，则知无上菩提之法，此吾本来真空，未尝指定一法名为无上菩提也。即佛所说，不过随机设教，何尝指定一法教人必如是而后修哉？

《楞伽经》："如来了真空之妙，固无法可得。如来随叩而应，亦无定法可说。"

莲池大师曰："法原在心中，惟具智慧性者，自能变而通之，固无一定之法可名可说也。"

陈雄曰："《楞伽经》论七种空，有曰一切法离言说空、第一义圣智大空。如来了真空之妙，固无法可得，亦无法可说，是以设为之问。无上菩提，乃第一义，深妙难名。或持戒、忍辱而得之，或精进、禅定而得之，或聚沙为塔，或称南无，皆已得之。岂可拘以定法而名之哉？如来悯众生之未悟，安得嘿然而离言说？或为志求胜法者说，或为求无上慧者说，或为求声闻者说，或为求辟支佛者说。应机而酬，随叩而答，宁有定法耶？佛尽变通之义，无执无着。须菩提两言'无有定法'，非能解佛所说义乎？"

⑤取，执取也。

⑥功德施菩萨曰："不可取、不可说者，无能取说故，证无所得故。"

如来所说无上菩提法，可以性修，不可以相取；可以心传，不可以言说。

⑦非法者，虽有而却无。非非法者，虽无而却有。宋谢康乐曰："非法则不有，非非法则不无。有无并无，理之极也。"

陈雄曰："如来所说者，无上菩提法也。可以性修，而不可以色相取。徒取，则何以深造于性理之妙？可以心传，而不可以口舌说。徒说，则何以超出于言意之表？须菩提所以辨论，两言其不可也。是法也，微妙玄通，深不可识。一以言有耶？虽有而未尝有。一以为无耶？虽无而未尝无。此非法、非非法之意。真空不空，其若是乎？"

⑧ 十住、十行、十回向，谓之三贤。初地乃至十地，谓之十圣。贤，发似解而伏惑之位。圣，真智而断惑之位。《仁王经》上："三贤十圣忍中行，唯佛一人能尽原。"《大乘义章》十七本："和善曰贤，会正名圣。正，谓理也。理无偏邪，故说为正。证理舍凡，说为圣矣。"《仁王护国》疏："十住、十行、十向诸位菩萨，皆称贤者。但断见思惑尽，尚有无明惑在，未入圣位，故名贤。"

⑨ 无为者，为乃造作之义，无因缘之造作曰无为，又无生、住、异、灭四相之造作曰无为。即真理之异名也。此无为法，有三种、六种之别。三无为中之择灭无为，六无为中之真如无为，是正圣智所证之真理，无为法中之最胜者也。曰涅槃，曰实相，曰法界，皆无为之异名。

《圆觉经》下："善男子，末世众生，不了四相，虽经多劫，勤苦修道，但名有为，终不能成一切圣果。"据此，则知无相即无为也。

⑩ 一切贤圣皆同此无为法，然有或为贤或为圣之差别。即第九分中之须陀洹、斯陀含、阿那含、阿罗汉，亦以无为法而有差别也。

六祖曰："三乘根性，所解不同，见有浅深，故言差别。佛说无为法者，即是无住。无住即无相，无相即无起，无起即无灭。荡然空寂，照用齐施，鉴觉无碍，乃真是解脱佛性。佛即是觉，觉即是观照，观照即是智慧，智慧即是般若波罗蜜多也。"

王日休曰："其言贤圣以无为法而有差别者何哉？盖谓于无

为法，得之浅者，则为贤人，若须陀洹之类是也。得之深者，则为圣人，若佛与菩萨是也。此所以为差别欤？"

以上须菩提语。

# 依法出生分第八

【笺注】

《三藏法数》十三:"依法不依人:依法者,谓依实相等法,修诸波罗蜜行,则能具足清净功德,能至菩提也。不依人者,如《涅槃经》云魔王尚能假化作佛,况能不作其余之身? 是故虽是凡夫,若所说所行与实相等法相应,则可依信;虽现佛身相好,若所说所行违于实相法者,则不应依也。"

出生者,魏译曰"一切诸佛阿耨多罗三藐三菩提法皆从此经出,一切诸佛如来皆从此经生"。

"须菩提,于意云何,若人满三千大千世界①七宝②,以用布施,③是人所得福德,宁为多不?④"须菩提言:"甚多,世尊。何以故?⑤是福德即非福德性⑥,是故如来说福德多⑦。""若复有人,于此经中受持⑧乃至四句偈等⑨,为他人说,其福胜彼。⑩何以故? 须菩提,一切诸佛,及诸佛阿耨多罗三藐三菩提法,皆从此经出。⑪须菩提,所谓佛法者,即非佛法。⑫"

【笺注】

① 以须弥山为中心,其四周以铁围山为限,名一世界。以此

47

世界之数千倍之,谓之小千世界。以小千世界千倍之,谓之中千世界。以中千世界千倍之,谓之大千世界。以三次言千,故云三千。

②《法华经·授记品》:"金、银、琉璃、砗磲、玛瑙、真珠、玫瑰七宝合成。"

③ 玄奘译作"若善男子或善女人,以此大千世界盛满七宝持用布施",语更明显。此言财施也。

④ 六祖曰:"此是如来问起此意如何。布施供养,身外之福;受持经典,身内之福。身福即衣食,性福即智慧。虽有衣食,性中愚迷,即是前生布施供养,不持经典。今生聪明智慧,而贫穷无衣食者,即是前生持经听法,不布施供养。外修福德即衣食,内修福德即智慧。钱财见世之宝,般若在心之珍。内外双修,方为全德。此是赞叹持经功德胜布施福也。"

以上佛语。

⑤ 以无福德之故而福德多。

⑥ 福德即非福德者,不住于福德之相也。《唯识述记》一本:"性者,体也。"

⑦ 不住相之福德,福德无量。以此立证,为言福德多之原理。前佛言不住相布施,凡明此理,故须菩提答言云然也。六祖曰:"三千大千世界七宝持用布施,得福虽多,于性一无利益。依摩诃般若波罗蜜多修行,令自性不堕诸有,是名福德性。心有能所,即非福德性;能所心灭,是名福德性。心依佛教,行同佛行,是名福德性;不依佛教,不能履践佛行,即非福德性。"

以上须菩提语。

或曰:此句下宜补"佛言须菩提"五字。

⑧《胜鬘宝窟》上本:"始则领受在心曰受,终则忆而不忘曰持。"

⑨ 偈,极艺切。佛家所唱词句谓之偈,华言颂。诸经虽五

字、七字,为句不同,皆以四句为一偈也。

《铜牌记》云:"天亲菩萨升兜率宫,请益弥勒如何是四句偈,弥勒以无我相四句答之。"想亦随拈随答。其后或云"凡所有相"四句,或云"若以色见我"及"一切有为法"等四句。又莲池大师谓不必指定那四句。若讷大师云:"凡诸义究竟者,随举四句,皆是四句偈。"诚是通论。

自能受持全经者,乃至不能受持全经,仅能持一四句偈者,包括极多至极少者而言也。

或曰:别有一四句偈,总括一切佛教。此四句为第六佛迦叶如来所作,大小乘八万之法藏,皆从此一偈流出。其辞曰:"诸恶莫作,诸善奉行,自净其意,是诸佛教。"此偈见《增一阿含经》一及四十四、《北本涅槃经》十四、《智度论》十六、《法华玄义》四之一。然余读经文上下文气,确指《金刚经》中随意任举四句而言,未必指"诸恶莫作"四句偈而言。录此以广异闻。

⑩ 更为他人解说,则自觉觉他,其福胜于七宝布施多矣。

⑪《心经》云:"三世诸佛,依般若波罗蜜多故,得阿耨多罗三藐三菩提。"亦同此义。又忠国师云:"兹经喻如大地,何物不从地之所生?诸佛惟指一心,何法不从心之所立?故云皆从此经出。"

皆从此经出者,非指此一经文句而言,乃指般若而言。

⑫ 所谓阿耨多罗三藐三菩提法者,即佛法也,而即所谓不可取、不可说、非法非非法之佛法也。若必执以为有,而命之曰佛法,即非佛之所谓法矣。

《法喜随笔》曰:"此经,指般若言也。大哉般若!称为父母者,良有以也。般若体中,本来空寂,所以随说随铲,不留影迹,荡相破有,抑何密耶?"

以上皆佛语。

# 一相无相分第九

【笺注】

一相无相者，谓浑然一相即是无相之义也。《智度论》廿七："一相，所谓无相。"

"须菩提，于意云何，须陀洹①能作是念'我得须陀洹果'不？②"须菩提言："不也，世尊。何以故？③须陀洹名为入流④，而无所入，不入色、声、香、味、触、法，是名须陀洹。⑤""须菩提，于意云何，斯陀含⑥能作是念'我得斯陀含果'不？⑦"须菩提言："不也，世尊。何以故？⑧斯陀含名一往来⑨，而实无往来，是名斯陀含。⑩""须菩提，于意云何，阿那含⑪能作是念'我得阿那含果'不？⑫"须菩提言："不也，世尊。何以故？⑬阿那含名为不来⑭，而实无不来，是故名阿那含。⑮""须菩提，于意云何，阿罗汉⑯能作是念'我得阿罗汉道'不？⑰"须菩提言："不也，世尊。何以故？⑱实无有法名阿罗汉⑲。世尊，若阿罗汉作是念'我得阿罗汉道'⑳，即为着我、人、众生、寿者㉑。世尊，佛说我得无诤三昧人中最为第一㉒，是第一离欲阿罗汉㉓。世尊，我不作是念'我是离欲阿罗汉'㉔。世尊，我若作是念'我得阿罗汉道'㉕，世尊即不说须菩提是乐（音效）阿兰那行者㉖。以须菩提实无所行㉗，而名须菩提是乐（音效）阿兰那行㉘。”

【笺注】

　　① 洹音垣。须陀洹者，小乘声闻四果中初果之名也。《三藏法数》十六："梵语须陀洹，华言入流，又名预流，即初果也。谓此人断三界（欲界、色界、无色界）见惑尽，预入圣道法流，故名入流。"

　　② 问须陀洹作自我已得须陀洹果之念否。

　　以上佛语。

　　③ 以无入流、逆流二相之故，而不作是念。

　　④ 嘉祥大师《义疏》："名为入流，即是入于道流。"

　　⑤ 须陀洹以入道流，而心无所得，不着入流之相，不入六尘境界，故名须陀洹。

　　以上须菩提语。

　　⑥ 斯陀含者，声闻四果中第二果之名也。《三藏法数》十六："梵语斯陀含，华言一来，即第二果也。谓此人于欲界九品（上中下三品中又各分三品）思惑（九品之思惑，又名九品烦恼，即贪、瞋、慢、无明四种之思惑。分为粗细上中下等之九品）之中，断前六品尽，后三品犹在，须更来欲界一番受生，故名一来。"

　　⑦ 斯陀含作自我已得斯陀含果之念否。

　　以上佛语。

　　⑧ 以无往来之相故，而不作是念。

　　⑨ 斯陀含断前六品思惑，尚余后三品之故，为是不得不再在欲界之人间及天界（六欲天）一度受生，即一度往来之义也。

⑩ 后秦僧肇曰:"一往来者,一生天上,一生人中,便得涅槃,故名一往来。而实无往来者,证无为果时,不见往来相也。"

以上须菩提语。

⑪ 阿那含者,声闻四果中第三果之名也。《三藏法数》曰:"梵语阿那含,华言不来,即第三果也。谓此人断欲后三品思惑尽,更不来欲界受生,故名不来。"

⑫ 问阿那含作自我已得阿那含之念否。

以上佛语。

⑬ 以无不来之相故,而不作是念。

⑭ "不来",亦作"不还"。残余欲惑之后三品亦断尽,直生兜率天宫,不再来还欲界。此后受生,必在色界及无色界也。

⑮ 无不来之相,故名阿那含。

以上须菩提语。

⑯ 阿罗汉,声闻四果中极果之名也。《三藏法数》:"梵语阿罗汉,华言无学,即第四果也。谓此人断色界、无色界思惑尽,四智(我生已尽、梵行已立、所作已办、不受后有四者)已圆,已出三界,已证涅槃,无法可学,故名无学。"谢灵运曰:"阿罗汉者,无生也。相灭生尽,谓之无生。若有计念,则见我人起相也。"

⑰ 问阿罗汉作我已得阿罗汉道之念否。

以上佛语。

⑱ 以无阿罗汉道之相故,而不作是念。

⑲ 无阿罗汉道之法相也。

⑳ 作是我得阿罗汉之念。

㉑ 着我、人、众生、寿者,则心取于相,而不能成为无着之罗汉矣。

㉒ 我者,须菩提自谓也。唐三藏法师义净译作"如求说我得

无诤住中最为第一"，据此则知"无诤三昧"不可断句。

无诤三昧者，安住空理，不与人争之禅定也。《智度论》十一："舍利弗，佛弟子中智慧第一。须菩提，于弟子中得无诤三昧最为第一。无诤三昧相，常观众生，不令心恼，多行悯怜。"

《金刚经略疏》中："无诤三昧者，以其解空，则彼我俱忘，能不恼众生，亦令众生不起烦恼故也。"

《涅槃经》云："须菩提住虚空地……若有众生嫌我立者，我当终日端坐不起。嫌我坐者，我当终日立不移处。一念不生，诸法无诤。"

《华严经》云："有诤说生死，无诤即涅槃。"

六祖偈曰："诤是胜负心，与道相违背。便生四相心，何由得三昧？"六祖曰："三昧，梵音，此云正受，亦云正见。远离九十五种邪见，是名正见。"

王日休曰："梵语三昧，亦云三摩地，亦云三摩提。此云正定，亦云正受，乃谓入定思想法也。正定者，谓入定之法正也。正受者，谓定中所想境界而受之，非是妄想，故云正受。世人不知此理，乃谓三昧为妙趣之意。故以善于点茶者，谓得点茶三昧；善于简牍者，谓得简牍三昧。此皆不知出处，妄为此说也。于此三昧人之中，须菩提为第一。"

㉓ 离欲，离贪淫等欲也。《四十二章经》："离欲寂静，是最为胜。"

㉔ 我不作我是离欲阿罗汉之念，无我故也。

㉕ 作我得阿罗汉道之念，是着我相也。

㉖《慧苑音义》上："阿兰若言阿兰那，正云阿兰攘，此翻无诤声。"

陈雄曰："乐阿兰那行者，即是好无诤行之人也。"

㉗ 行而不行,无我相也。老子曰"居而不有,为而不恃",亦此旨也。

㉘ 阿兰那行,魏、隋译作"无净行"。陈雄曰:"夫萌之于心者曰念,见于修为者曰行。有所行则必有是行,有是行则必有所得。须菩提得无净三昧,有是行故也。且曰无所行者,盖以心无所得也。有是行而心无所得,宜乎世尊以乐阿兰那行名之也。"

以上须菩提语。

# 庄严佛土分第十

【笺注】

　　以善美饰国土，或以功德饰依身，曰庄严。《涅槃经》二十七："二种庄严：一者智慧，二者福德。若有菩萨具足如是二庄严者，则知佛性。"

　　《大乘义章》十九："安身之处，号之曰土。约佛辨土，名为佛土。"

　　佛告须菩提："于意云何，如来昔在然灯佛所[①]，于法有所得不[②]？""不也，世尊。如来在然灯佛所，于法实无所得[③]。""须菩提，于意云何，菩萨庄严佛土不[④]？""不也，世尊。何以故？庄严佛土者[⑤]，即非庄严，是名庄严。[⑥]""是故须菩提，诸菩萨摩诃萨，应如是生清净心[⑦]，不应住色生心，不应住声、香、味、触、法生心，[⑧]应无所住而生其心[⑨]。须菩提，譬如有人，身如须弥山王[⑩]，于意云何，是身为大不？[⑪]"须菩提言："甚大，世尊。何以故？佛说非身[⑫]，是名大身。[⑬]"

【笺注】

　　①"然"，俗本或作"燃"。《智度论》九："如然灯佛生时，一切

55

身边如灯故,名然灯太子,作佛亦名然灯,旧名锭光佛。"

②有所得者,执着之心也,分别之心也。《智度论》六十:"有所得者,所谓以我心于诸法中取相故。"《仁王经》良贲疏中三:"有所得者,取相之心也。无所得者,无分别智也。"

如来言:"过去世时求菩提道。得值诸佛,以有所得故,不得受记。于后复值诸佛,以有所得故,亦不得受记。如是展转乃至得值然灯佛兴,见佛闻法,即得一切无生法忍(无生法忍,见后第二十八分注)。得是忍已,乃得受记。"然灯如来于空法中,说诸法相,度脱无量百千众生,而无所说,亦无所度。见《发菩提心论》下。

以上佛语。

③体无相之真理,心中无所执着,无所分别,曰无所得。即空慧也,无分别智也。

《涅槃经》十七:"无所得者,则名为慧。有所得者,名为无明。"又:"有所得者,名生死轮。一切凡夫轮回生死,故有所见。菩萨永断一切生死,是故菩萨名无所得。"

唐黄檗山断际禅师《传心法要》上曰:"此心明净,犹如虚空,无一点相貌。举心动念,即乖法体,即为着相,无始以来无着相佛。修六度万行,欲求成佛,即是次第,无始以来无次第佛。但悟一心,更无少法可得,此即真佛。"

陈雄曰:"八王子皆师妙光,得成佛道,而其最后成佛者,名曰然灯。十六王子出家为沙弥,皆得如来之慧,最后者我释迦牟尼。然灯是释迦授记之师,释迦如来因师开导,得无上菩提法,为诸释之法王,于法宁无所得耶?但不存其所得心耳。佛恐诸菩萨所得心未除,故设是问。须菩提深悟佛意,以'不也'答之。且言'于法实无所得',则以如来实得之心传故也,言实则将以息大众之疑心。"

以上须菩提语。

④ 魏译作"若菩萨作是言'我庄严佛国土',彼菩萨不实语",余四译略同。是问菩萨有言庄严佛土否也。

以上佛语。

⑤ 庄严,如建塔寺、设像供养之类。一大世界,必有一佛设化,谓之佛土。黄金为地,七宝为林,是庄严佛土也。

《疏钞》以佛土为佛之妙性,众生之真心,又以六度万行布施、戒、定、慧等为庄严。莲池以佛土为菩提心,庄严为无妄念。

⑥ 自性佛土,本是具足,不假庄严,故云即非庄严。心常清净,无严而严,故云是名庄严。

六祖曰:"清净佛土,无像无形,何物而能庄严耶?惟以定慧之宝,假名庄严事理。庄严有三:一、庄严世间佛土,造寺、写经、布施、供养是也。二、庄严身佛土,见一切人,普行恭敬是也。三、庄严心佛土,《维摩经》云'随其心净,则佛土净',念念常行佛心是也。"

六祖曰:"然灯是释迦牟尼佛授记之师,故问须菩提,我于师处听法,有法可得不?须菩提知法即因师开示,而实无得,但悟自性本来清净,本无尘劳,寂而常照,即自成佛。当知世尊在然灯佛所,于法实无所得。"

以上须菩提语。

⑦《探玄记》四:"三业无过云清净。"无垢之净心谓清净心。《中阿含经》四十一:"清净心,尽脱淫怒痴,成就于三明。"

⑧ 住者,留恋之意。有所住,即六尘生于心,而不能清净矣。不应住,谓不应留恋于此,非欲其不接色、声、香、味、触、法也。

⑨ 陈雄曰:"菩萨庄严,既不在于外饰,则当反而求之于心。

心苟清净，庄严莫甚焉，故云应如是生清净心。凡住六尘而生其心者，皆非清净心也。菩萨岂应如是？且如佛心本来清净无相，宁有所住？菩萨受如来教，亦应如是，故云应无所住而生其心，与十四分'应生无所住心'同。"

徐槐廷曰："心无所住，则丝毫不挂，万境澄彻，即清净也。譬如一镜当空，无所不照，何等清净！若先着一物，则空明遮蔽，焉能照物？无所住，是从实超空。生其心，是从空生觉。此心字，是正智，是真心，但住着于境，则隐而不现。心若不住，般若了然。生其心者，显现本有真心，非突然生起也。此句是金刚正眼，般若妙心。昔六祖闻'无所住而生其心'句，即大悟曰：'何期自性，本自清净！何期自性，本不生灭！何期自性，本自俱足！何期自性，本无摇动！何期自性，能生万法！'学者在祖师门下，当从无住生心处体会微旨。"又曰："须知清净心，妙湛圆寂，不泥方所，本无所住也。于无所住而生其心，如明镜当前，物来悉照，物去即空，自然十分清净。是净土庄严孰甚焉。"

邱东昌曰："有所住而生者，生之生也，此是污染心。无所住而生者，不生之生也，此是清净心。住而生者，心则依境。不住而生者，心不依境，特度境耳。不生之生，物不能转，而能转物。若能转物，则同如来。六祖所谓'心不住法，道即流通；心若住法，名为自缚'是也。"

⑩ 须弥山，山之极大者，故名山王。人身岂有是大，不过假设之辞，如七宝满大千之类。

⑪ 以上佛语。

⑫ 非身谓法身，即真心也，佛性也。

⑬ 非身名大身者，即真如之无住，足以包太虚、藏沙界也。

此承上文无住生心而言，以见心量之廓周无尽也。言心无所住,则净心常生,法身圆满。此心最为广大。如来设大身为问,尊者悟得无住真心,遍满法界,妙含万有,量等虚空,虽须弥不足喻其大。色身虽大,为有生灭,毕竟不名大身。佛说非身,才是我之清净本心。此心包含太虚,充满法界,无相无住,顿入圆明,乃真法身,是名大身也。

陈雄曰:"'佛说非身,是名大身',非身者,法身也,真心也。文殊菩萨问世尊:'何名大身?'世尊曰:'非身是名大身。具一切戒定慧,了清净法,故名大身。'盖亦指真心言之也。如此则真心可以吞须弥山矣。"

以上须菩提语。

# 无为福胜分第十一

【笺注】

修无为福，胜于布施。

"须菩提，如恒河中所有沙数<sup>①</sup>，如是沙等恒河<sup>②</sup>。于意云何，是诸恒河沙，宁为多不？<sup>③</sup>"须菩提言："甚多，世尊。但诸恒河尚多无数，何况其沙？<sup>④</sup>""须菩提，我今实言告汝，若有善男子、善女人，以七宝满尔所恒河沙数三千大千世界<sup>⑤</sup>，以用布施，得福多不？<sup>⑥</sup>"须菩提言："甚多，世尊。<sup>⑦</sup>"佛告须菩提："若善男子、善女人，于此经中，乃至受持四句偈等，为他人说，而此福德胜前福德。<sup>⑧</sup>"

【笺注】

①《智度论》七："问曰：'如阎浮提（阎浮提：阎浮，树名，此树于林中最大。提名为洲。阎浮提，须弥山南之大洲也）中，种种大河，亦有过恒河者，何故常言恒河沙等？'答曰：'恒河沙多，余河不尔。复次，是恒河是佛生处、游行处，弟子现见，故以为喻。复次，诸人经书，皆以恒河为福德吉河，若入中洗者，诸罪垢恶，皆悉除尽。以人敬事此河，皆共识知，故以恒河沙为喻。复次，余河名

字屡转,此恒河,世世不转,以是故以恒河沙为喻,不取余河。'"

② 等,比也。以一沙比一恒河,则恒河之多无数,则其沙更多,是假说之辞。

③ 以上佛语。

④ 言诸恒河且多而无数,何况恒河中之沙乎?

以上须菩提语。

⑤ 佛言,以七宝等物,充满尔处之恒河沙数如许多之三千大千世界。

⑥ 以上佛语。

⑦ 以上须菩提语。

⑧ 佛言,若有善男女,于此经中,受之而无疑,持之而不失,必见自己真如菩萨本性矣。又能以真空妙义,为人解说,使人心地开通,明了自性,可以脱离轮回,永超生死。则是人己兼成。此其福德,历劫常存,岂恒沙布施可及哉?

陈雄曰:"七宝虽多,不过人间有限之物。布施以此,但受人间有限之福。较之经中一偈,悟之者生天,岂不相去万万耶?《三昧经》云:'若复有人,持以满城金银而以布施,不如是人所受持是经一四句偈。'今有善男子,非特受持即自见性,又且解说教人见性,则彼此生天,成无上道。回视七宝之福,为不足道,故有胜前云。《华严经》云:'譬如暗中宝,无灯不可见。佛法无人说,虽慧不能了。'是则解说之功,又孰有大于此者?"

以上佛语。

# 尊重正教分第十二

【笺注】

受持正教,天人尊重。

"复次,须菩提,随说是经①,乃至四句偈等,当知此处一切世间天、人、②阿修罗③,皆应供养④,如佛塔庙⑤,何况有人尽能受持读诵?⑥须菩提,当知是人成就最上第一希有之法⑦。若是经典所在之处⑧,即为有佛,若尊重弟子。⑨"

【笺注】

① 陈雄曰:"随,顺也。随顺众生而为说也。"

② 天、人,为六趣中之天趣与人趣也。天趣,为六道之一,亦名天道。人趣,亦六道之一,趣向于人类所有之业因也。六道,即地狱道、饿鬼道、畜生道、修罗道、人道、天道也。《无量寿经》上:"天人归仰。"又曰:"诸天世人。"《法华经·宝塔品》:"移诸天人,置于他土。"

③ 曾与帝释战斗之神。《玄应音义》三:"阿修罗,名无酒神,亦云非天。经中亦名无善神也。"

④ 奉香华、灯明、饮食、资财等,资养三宝,谓之供养。

⑤ 藏佛菩萨等遗骨之处曰塔,译曰庙。梵汉双举,谓之塔

庙。《法华经·见宝塔品》："我之塔庙,为听《法华经》故,涌出其前。"

佛再告须菩提曰:若有人随举经文之义,乃至四句偈等,为之讲说,令听者除迷妄心,则说经之处,自然感得世间天、人、阿修罗等皆来恭敬,如藏舍利之塔庙,殷勤瞻礼矣。

⑥诵四句偈,尚能感动人天如此,何况尽读全经者?

⑦佛言,当知是人以一心成就阿耨多罗三藐三菩提法,真最上而无以加也,第一而无可比也,又绝无而仅有也。

⑧六祖曰:"自心诵得此经,自心解得经义,自心体得无着无相之理,所在之处常修佛行,即自心是佛,故言所在之处即为有佛。"

⑨视经典所在,即如有佛,或如尊重弟子。尊重弟子,如文殊、普贤等类是也。王日休曰:"尊重弟子,谓弟子之可尊可重者,乃大弟子,则菩萨之属也。尽能受持读诵,则如佛与大弟子在焉。"

以上佛语。

# 如法受持分第十三

【笺注】

依佛所说之法，领受而终不忘。《无量寿经》下："应当信顺，如法修行。"《维摩经·方便品》："夫说法者，当如法说。"

尔时，须菩提白佛言："世尊，当何名此经？我等云何奉持？①"佛告须菩提："是经名为'金刚般若波罗蜜'②。以是名字，汝当奉持。③所以者何？须菩提，佛说般若波罗蜜，即非般若波罗蜜，④是名般若波罗蜜⑤。须菩提，于意云何，如来有所说法不？⑥"须菩提白佛言："世尊，如来无所说⑦。""须菩提，于意云何，三千大千世界所有微尘⑧，是为多不？⑨"须菩提言："甚多，世尊。⑩""须菩提，诸微尘，如来说非微尘，是名微尘。⑪如来说世界⑫，非世界，是名世界。⑬须菩提，于意云何，可以三十二相见如来不？⑭""不也，世尊。不可以三十二相得见如来。何以故？如来说三十二相，即是非相，是名三十二相。⑮""须菩提，若有善男子、善女人，以恒河沙等身命布施；⑯若复有人，于此经中，乃至受持四句偈等，为他人说，其福甚多。⑰"

【笺注】

① 须菩提问经之名,盖欲得其纲领紧要而奉行持守之也。

以上须菩提语。

② 此佛特示经名,是一部《金经》点眼处也。从前说降伏安住,并未说出般若。其间如度生,破尽度相;布施,破尽施相;见佛,破尽身相;净信,破尽法相。如是坚固,如是猛利,全是般若之智慧,如金刚之能断。盖本心净明,真慧随缘不变,能摧断一切烦恼,而不为一切所摧,是为金刚般若。此经所说,直指心体,乃斩绝妄缘、智慧到彼岸之法也。

《发菩提心论·般若波罗蜜品》曰:"云何菩萨修习智慧?智慧若为自利、他利、二俱利,如是智慧,则生庄严菩提之道。菩萨为欲调伏众生,令离苦恼,故修智慧。修智慧者,悉学一切世间之事,舍贪瞋痴,建立慈心,怜愍饶益一切众生,常念拔济,为作将导,能分别说邪道、正道及善恶报,是名菩萨初智慧心。修智慧故,远离无明,除烦恼障及智慧障,是名自利。教化众生,令得调伏,是名利他。以己所修无上菩提,化诸众生,令同己利,是名俱利。因修智慧,获得初地乃至萨婆若智(即诸佛究竟圆满果位之智也,即一切智也,即般若波罗蜜之异名也),是名庄严菩提之道。菩萨修行智慧,有二十心能渐建立。何谓二十?当发善欲亲近善友心,舍离憍慢不放逸心,随顺教诲乐听法心,闻法无厌善思惟心,行四梵行修正智心(四梵行者,慈、悲、喜、舍之四无量心也。正智者,离无漏心之一切妄想也),观不净行生厌离心,观四真谛十六圣心,观十二因缘修明慧心,闻诸波罗蜜念欲修习心,观无常、苦、无我、寂灭心,观空、无相、无愿、无作心,观阴界入(五阴、十八界、十二入)多过患心,降伏烦恼非伴侣心,护诸善法自伴侣心,抑制恶法令除断心,修习正法令增广心,虽修二乘常舍离心,闻菩萨藏(《法华》《华严》等诸大乘经,含藏大乘菩萨修因证果之法,曰菩萨藏)乐奉行心,自利利他随顺增进诸善业心,持真实行求一切佛法心。复次,菩萨修行智慧,复有十法善思惟心,不与声闻、辟支佛共(佛小乘法中之弟子,闻佛之声教,悟四谛之理,断见思之惑,而入涅槃者,谓之声闻。不逢佛世,独自能悟,曰独觉。观十二因缘而觉悟之,曰缘觉。其总名曰辟支佛)。何谓为十?思惟分别定慧根本,思惟不舍断常二边,思惟因缘生起诸法,思惟无众生、我、人、寿命,思惟无三世去来住法,思惟无发行而不断因果,思惟法空而植善不懈,思惟无相而度众生不废,思惟无愿而求菩提不离,思惟无作而现受身不舍。"

③ 佛告以名而命之奉持,是欲其奉持此坚利能断之智慧而到彼岸之谓,岂徒以名字哉?

④ 随说随扫,直使奉持者胸中不留一个字脚。莲池大师曰:"即非云者,随说随扫,惟恐人着相也。"

⑤ 敦煌石室发现唐拓柳公权书《金刚经》,无"是名般若波罗蜜"句。寿春永庆寺南唐道颙法师石本亦无此句。考魏译本、陈译本、唐义净译本均无此句,惟隋译本、唐玄奘译本均有此句,可知此句之存否本有两说。

⑥ 以上佛语。

⑦ 智慧由于心悟,原非如来所得而说,故曰如来无所说。佛偈曰:"始从成道后,终至跋提河,于是二中间,未尝说一字。"

以上须菩提语。

⑧ 色体之极少曰极微。极微之七倍曰微尘。微尘之七倍曰金尘。《俱舍论》十二:"七极微为一微量,积微至七为一金尘。"

⑨ 以上佛语。

⑩ 以上须菩提语。

⑪ 如来说诸微尘者，原是幻妄之物。而虚空之府，太空澄澈，非微尘所可污，故不可名微尘，乃假名为微尘也。

⑫《楞严经》曰："世为迁流，界为方位。汝今当知，东西南北、东南、西北、上下为界，过去、未来、现在为世。"

⑬ 如来说世界者，原不是我心中之所本有，而心地廓然，净无瑕秽，便是出世间法。非世界所得囿，故不是世界，乃虚名为世界也。

昔世尊答文殊曰："在世离世，在尘离尘，是为究竟法。"此言非微尘、非世界，即离尘、离世也。

明莲池大师曰："微尘、世界，均非实有。一切山崖，会有崩裂。一切江河，会有枯竭。不过虚名为世界耳。"

⑭《般若经》云："如来足下，有平满相，是为第一。如来足下，千幅轮文，无不圆满，是为第二。如来手足，并皆柔软，如兜罗绵，是为第三。如来两足，一一指间，犹如雁王，文同绮画，是为第四。如来手足，诸指圆满，纤长可爱，是为第五。如来足跟，广长圆满，与趺相称，是为第六。如来足趺，修高光满，与跟相称，是为第七。如来双腨，渐次纤圆，如鹿王腨，是为第八。如来双臂，平立摩膝，如象王鼻，是为第九。如来阴相藏蜜，是为第十。如来毛孔，各一毛生，绀青宛转，是为第十一。如来变毛，右旋宛转，是为第十二。如来身皮，细薄润滑，垢水不住，是为第十三。如来身皮，金色晃耀，诸宝庄严，是为第十四。如来两足、两掌、中颈、双肩，七处充满，是第十五。如来肩项，圆满殊妙，是第十六。如来膊腋，悉皆充实，是第十七。如来容仪，洪满端直，是第十八。如来身相，修广端严，是第十九。如来体相，量等圆满，是第二十。如来额臆，并身上半，威容广大，如师子王，是二十一。如来常光，面各一寻，是二十二。如来齿相，四十齐平，净密根深，白逾珂雪，

是二十三。如来四牙,鲜白锋利,是二十四。如来常得味中上味,是二十五。如来舌相,薄净广长,能覆面轮,至耳发际,是二十六。如来梵音,词韵和雅,随众多少,无不等闲,是二十七。如来眼睫,犹若牛王,绀青齐整,是二十八。如来眼睛,绀青鲜白红环,是二十九。如来面轮,其犹满月,眉相皎净,如天帝弓,是第三十。如来眉间,有白毫相,柔软如绵,白逾珂雪,是三十一。如来顶上,乌瑟腻沙,高显周圆,犹如天盖,是三十二。"

以上佛语。

⑮ 三十二相,指肉身而言,此乃色身佛也。见如来,指法身言。现相原妄,无可指陈,不妨相即无相,故曰即非身相。观性原真,尘尘妙觉,不妨无相即相,故曰是名三十二相。

此言非相即相,以显般若之体,所谓实相般若也。上言尘界非尘界,是离幻归空;此言身相非身相,是即空悟实。三十二相,只是色身如来。当知别有一个真性如来,非色非空,超然万象之表;无变无坏,总归一真之中。故云是相即非相。识得非相,是名真相。

以上须菩提语。

⑯ 身命布施,为三施之一。以身命布施于人,是为上品之施。见《华严大疏钞》二。

因布施而有割肉弃身者,名为舍身行。此亦假设之辞。

⑰ 若以此经及四句偈等,受持而讲说之,则自利利他,其获福无量,较彼舍身者为尤多。

六祖曰:"多劫舍身,不了空义,妄心不除,仍是众生。一念持经,我人顿尽,妄想既除,言下成佛。故知多劫舍身,不如受持四句之福。"

颜丙曰:"'若人以恒河沙等身命布施',等者,比也。虽受顽福,毕竟不明本性。如生豪贵之家,骄奢纵恣,不容不作业,反受业报。争如受持四句,为他人说,自利利他,其福甚多。"

　　以上佛语。

# 离相寂灭分第十四

【笺注】

《法华文句》七上:"离相者,无涅槃相。"

《维摩经·佛国品》:"知一切佛,皆悉寂灭。"注:"肇曰:'去相,故言寂灭。'"

尔时,须菩提闻说是经,深解义趣[1],涕泪悲泣[2]而白佛言:[3]"希有,世尊。佛说如是甚深经典[4],我从昔来所得慧眼[5],未曾得闻如是之经[6]。世尊,若复有人,得闻是经,信心清净[7],则生实相[8],当知是人成就第一希有功德。世尊,是实相者,即是非相,[9]是故如来说名实相[10]。世尊,我今得闻如是经典,信解受持[11],不足为难[12]。若当来世后五百岁[13],其有众生,得闻是经,信解受持,是人即为第一希有[14]。何以故?此人无我相,无人相,无众生相,无寿者相。[15]所以者何?我相,即是非相。人相、众生相、寿者相,即是非相。[16]何以故?离一切诸相,即名诸佛。[17]"佛告须菩提:"如是如是[18]。若复有人,得闻是经,不惊、不怖、不畏,[19]当知是人甚为希有[20]。何以故?须菩提,如来说第一波罗蜜[21],即非第一波罗蜜,是名第一波罗蜜[22]。须菩提,忍辱波罗蜜[23],如来说非忍辱波罗蜜,是名忍辱波罗蜜。㉔何以故？须菩提,如我昔为歌利王㉕割截身体,我于尔时无我相,无人相,无众生相,无寿者相。何以故？我于往昔节节支解时㉖,若有我相、人相、众生相、寿者相,应生瞋(音震)恨。㉗须菩提,又念过去于五百世㉘作忍辱仙人㉙,于尔所世无我相,无人相,无众生相,无寿者相。是故须菩提,菩萨应离一切相发阿耨多罗三藐三菩提心㉚,不应住色生心,不应住声、香、味、触、法生心,应生无所住心。㉛若心有住,即为非住。㉜是故佛说,菩萨心不应住色布施。㉝须菩提,菩萨为利益一切众生,故㉞应如是布施㉟。如来说一切诸相,即是非相㊱。又说一切众生,即非众生。㊲须菩提,如来是真语者,实语者,㊳如语者㊴,不诳语者㊵,不异语者㊶。须菩提,如来所得法㊷,此法无实无虚㊸。须菩提,若菩萨心住于法而行布施,如人入暗,即无所见㊹。若菩萨心不住法而行布施,如人有目,日光明照,见种种色㊺。须菩提,当来之世㊻,若有善男子、善女人,能于此经,受持读诵,即为如来以佛智慧㊼,悉知是人,悉见是人,皆得成就无量无边功德㊽。"

【笺注】

　① 颜丙曰:"深解者,大彻大悟也。"

　义趣者,义理之归趣处。《法华经·方便品》:"了达诸义趣。"《玄赞》三:"是所说义,何所归趣。"

　② 自伤觉悟之晚,故感极涕零也。

　③ 以上阿难记述语。

④ 佛说之,阿难结集之,初传之口,后书于贝叶,其文句并书籍,名曰经典。《无量寿经》上:"菩萨经典,究畅要妙。"《法华经·序品》:"圣主师子,演说经典,微妙第一。"

⑤ 照见真空无相之理曰慧眼,为五眼之一。

⑥ 宋僧道川颂曰:"自小来来惯远方(从来未闻如是之经),几回衡岳渡潇湘(错过岁月)。一朝踏着家乡路(深解此经义趣),始觉途中日月长(佛说如是甚深经典)。"

⑦ 信受所闻所解之法而无疑者,谓信心。即信无我四相,而修不住之行也。清净者,即人法两空,不住于相也。

⑧ 实者,不虚妄之义。相者,无相也。此为万有之本体,名曰实相。此外如无相、法身、无为、真空、真如、涅槃,皆实相之异名也。《维摩经·观众生品》:"佛为实相法人。"《涅槃经》四十:"无相之相,名为实相。"《法华文句记》四十:"言实相者,非虚故实,非相为相,故名实相。"《教行信证》曰:"无为法身即是实相,实相即是法性,法性即是真如。"

或曰:先天遗下之一点灵光,名真如,即实相也。世人往往为物欲所蔽,即隐而不现。若信心清净,则一点灵光又能发生。

《法喜随笔》曰:"《般若心经》言'是诸法空相',此经言'信心清净,则生实相',似若不同。殊不知,空相者,空则本无一物;实相者,实则不容一物。语虽不同,理则一也。会得空,即名实;会得实,即名空。真净无漏中不容他,岂非实耶?"

⑨ 实相即是本性空净,非有形相可执,故转语即曰:"是实相者,即是非相。"实相即从无相中生出,犹鉴空即能照也。实相即是非相者,犹鉴中本无形也。颜丙曰:"生实相者,即是悟自性也。"李文会曰:"豁然了悟,万法由此净心建立,是名实相。"

即非相者,六祖曰:"虽行清净行,若见垢净二相,并是垢心,即非清净心也。但心有所得,即非实相。"实相者,即是无相真心,非同世间色相也。

⑩ 无相之相,即为实相,故如来谓之实相。

⑪《大日经疏》三:"信解,谓明见其理,心无疑虑。"王日休曰:"信解者,谓信其义而晓解也。受持者,谓能受其义而持守之也。"

⑫ 言并非为难之事。

⑬ 言来世五百岁之后,详第六分注。

⑭ 言此人真是第一等人,诚为希有。

⑮ 无四相,证人空也。

⑯ 四相即非相,证法空也。

⑰ 离一切相,并空见亦忘也。如是乃为清净,名诸佛,所谓生实相也。陈雄曰:"《华严经》云:'离诸和合相,是名无上觉。'佛以觉言,外觉离一切有相,内觉离一切空相。于相而离相,于空而离空,得夫真空无相之妙,所以名其为佛。"

以上须菩提语。

⑱ 证明弟子之所得,许可称美之辞也。《胜鬘宝窟》上本:"印述之辞,如是如是,诚如圣教。如是如是,如汝所说。乃至法称合道理,故言如是。"

⑲ 惊者,骇其言之过而疑也。怖者,恐其道之高而惧也。畏者,怯其行之难而退也。后秦僧肇曰:"得大乘闻慧解,一往闻经,身无惧相,故名不惊。得大乘思慧解,深信不疑,故名不怖。得大乘修慧解,顺教修行,终不有谤,故名不畏。"陈雄曰:"不惊则无疑心,不怖则无惧心,不畏则无退心。"

⑳《发菩提心论》上:"若有菩萨闻如是说,不惊、不怖、不退、不没,当知是人决定能发菩提之心。"

㉑ 六波罗蜜者：一、檀波罗蜜，即布施也。二、尸罗波罗蜜，即持戒也。三、羼提波罗蜜，即忍辱也。四、毗黎耶波罗蜜，即精进也。五、禅那波罗蜜，即禅定也。六、般若波罗蜜，即智慧也。六波罗蜜，又名六度。

唐玄奘译本曰："如来说最胜波罗蜜多，谓般若波罗蜜多。"据此则知第一波罗蜜即般若波罗蜜也，而俗本误以第一波罗蜜为布施，此说非是。

㉒ 隋嘉祥大师疏曰："如来说第一波罗蜜者，他云：般若是六度中第一，故言第一。即非第一者，真谛遣第一也。是名第一者，世谛假名说第一也。"

㉓ 即第三之羼提波罗蜜。忍受诸种侮辱恼害，无恚恨也。《法界次第》下之上："内心能安忍外所辱境，故名忍辱。"《维摩经·佛国品》："忍辱是菩萨净土。"

《发菩提心论·羼提波罗蜜品》曰："云何菩萨修行忍辱？忍辱若为自利、利他及二俱利，如是忍辱，则能庄严菩提之道。菩萨为欲调伏众生，令离苦恼，故修忍辱。修忍辱者，心常谦下，一切众生刚强憍慢，舍而不行。见粗恶者，起怜愍心。言常柔软，劝化修善，能分别说瞋恚和忍果报差别。是名菩萨初忍辱心。修忍辱故，远离众恶，身心安乐，是名自利。化导众生，皆令和顺，是名利他。以己所修无上忍辱，化诸众生，令同己利，是名俱利。因修忍辱，获得端正，人所崇敬，乃至得佛上妙相好，是名庄严菩提之道。忍辱有三，谓身、口、意。云何身忍？若他加恶，侵毁挝打，乃至伤害，悉能忍受。见诸众生，威逼恐惧，以身代之，而无疲怠。是名身忍。云何口忍？若见骂者，默受不报。若有非理来诃责者，当软语附顺。若有加诬，横生诽谤，皆当忍受。是名口忍。云何意忍？若有瞋者，心不怀恨。若有触恼，其心不乱。若有讥毁，心亦无怨。是名意忍。世间打者有二种：一者实，二者横。若有过恶，若人嫌疑，为彼所打，自应忍受，如服甘露，于彼人所，应生恭敬。所以者何？善能教诫调伏于我，令我得离诸过罪故。若横加恶，伤害于我，当自思惟：我今无罪，当是过去宿业所招，是亦应忍。复应思念：四大假合，五众缘会，谁受打者？又观前人如痴如狂，我当愍之，云何不忍？又骂者亦有二种：一、实，二、虚。若说实者，我应生惭。若说虚者，无预我事，犹如响声，亦如风过，无损于我，是故应忍。又瞋者亦尔。他来瞋我，我当忍受。若瞋彼者，于未来世，当堕恶道，受大苦恼。以是因缘，我身若被斫截分离，不应生瞋，应当深观往业因缘，当修慈悲怜愍一切。如是小苦不能忍者，我即不能自调伏心，云何当能调伏众生，令得解脱一切恶法，成无上果？"

㉔ 忍辱从般若而出。本然之心，寂然不动，外不见有所辱之相，内不见有能忍之念。是般若体中，本无我人，谁辱谁忍？如是方能离相。故如来说非忍辱波罗蜜，是名忍辱者，世谛假名说忍辱也。

㉕ "歌利王"，或作"迦罗富"。《西域记》云，歌利王在乌仗那国，蓸揭厘城东四五里，是其处也。旧云恶世无道王，即波罗奈国王也。

㉖ 支解分解其四肢，古之酷刑也。《春秋繁露》：宣十七年，后郤支解邲子。

㉗《大涅槃经》三十一："我念往昔，生南天竺富单那城婆罗门家。是时有王，名迦罗富（即歌利王），其性暴恶，憍慢自大，年壮色美，耽着五欲。我于尔时为度众生，在彼城外，寂默禅思。尔时彼王，春末华敷，与其眷属、宫人、采女，出城游观，在树林下，五欲自娱。其诸采女，舍王游戏，遂至我所。我时欲为断彼贪故而

为说法。时王寻来,即见我时,便生恶心,而问我言:'汝今已得罗汉果耶?'我言:'不得。'复言:'获得不还果耶?'我言:'不得。'复作是言:'汝今若未得是二果,则为具足贪欲烦恼,云何自恣观我女人?'我即答言:'大王当知,我今虽未断于贪结,然其内心实无贪着。'王言:'痴人,世有诸仙,服气食果,见色犹贪,况汝盛年,未断贪欲,云何见色而当不着?'我言:'大王,见色不着,实不因于服气食果,皆由系心无常、不净。'王言:'若有轻他而生诽谤,云何得名修持净戒?'我言:'大王,若有妒心,则有诽谤。我无妒心,云何言谤?'王言:'大德,云何名戒?''大王,忍名为戒。'王言:'若忍是戒者,当截汝耳,若能忍者,知汝持戒。'即截其耳。时我被截,颜色不变。时王群臣见是事已,即谏王言:'如是大士,不应加害。'王告诸臣:'汝等云何知是大士?'诸臣答言:'见受苦时容色不变。'王复语言:'我当更试,知变不变。'即劓其鼻,刖其手足。尔时菩萨已于无量无边世中修习慈悲,愍苦众生。时四天王心怀瞋忿,雨沙砾石。王见是已,心大怖畏,复至我所,长跪而言:'唯愿哀愍,听我忏悔。'我言:'大王,我心无瞋,亦如无贪。'王言:'大德,云何得知心无瞋恨?'我即立誓:'我若真实无瞋恨者,令我此身平复如故。'发是愿已,身即平复。"

㉘　五百世,言时之长,亦举大数言。

㉙　佛言,又念在五百世前,曾作忍辱仙人。

修忍辱之行,为忍辱仙。《证道歌》:"我师得见然灯佛,多劫曾为忍辱仙。"

㉚　此承上忍辱无相而言,教诸菩萨离相发心。所发之心,即正等觉心。故学佛者直发菩提心,当使此心湛然,随处解脱,空诸所有,斯为离一切相。

㉛　佛言,不当住着色、声、香、味、触、法而起可欲之心,当生

无所住着之心,则此心圆通无碍,真纯无欲,非一切诸相所能系缚。

前云"应无所住而生其心",恐人认作两层,有无所住之心,又有所生之心,转非清净,故直曰"生无所住心",言生此原无所住之心也。

㉜ 若心于六尘有所住着,即所住不是菩提心矣。盖不住为真住,有住则非真住也。

王日休曰:"应,当也。不应住色生心者,谓不当住着于凡有形色而生心也,若爱广大居宇、美好器用之类是也。不应住声、香、味、触、生心者,谓不当住着于声音、馨香、滋味及所触而生心也。若爱声乐讴唱,爱龙檀脑麝,爱饮食异味,爱娇娆妇女,皆是住着于声、香、味、触而生心也。不应住法生心者,谓佛法本为因众生根器而设化,若住着之,则是泥于法,而无由见真性,故不当住着于此而生心也。应生无所住心者,谓凡有住着处,皆不得起心念也。若心有住,即为非住者,谓心若有所住着,则其住着之非也。盖当使一念寂然,如虚空然,则可以见真性矣。此与第十分大略同。"

㉝ 佛言,菩萨之心莫不欲布施,但众苦之本,眼根不净为先,不应住于色而为之布施也。言色,该声、香等在内。此布施指法施言。

㉞《法华文句记》六:"功德利益者,只功德一而无异。若分别者,自益名功德,益他名利益。"佛恐人认离相为虚无,故以"利益"二字,指示实际。

考敦煌石室发现唐拓柳书《金刚经》、寿春永庆寺南唐道颙法师石本,皆无"故"字。又考魏译本、陈译本、唐义净译本亦无"故"字,宜删。

㉟ 应如是无住相布施,众生方获真利益。

《华严经》云:"不为自身求快乐,但为救护诸众生。"六祖曰:"菩萨不为求望自身五欲快乐而行布施,但为内破悭心、外利益一切众生而行布施。"

㊱ 言菩萨应离一切相者,因一切诸相,因缘而生,尽是假合,相即非相也。

㊲ 菩萨利益一切众生者,因众生各明本性,即是诸佛,众生即非众生也。

六祖曰:"如来说我人等相,毕竟可破坏,非真实体也。一切众生,尽是假名。若离妄心,即无众生可得,故言即非众生。"

㊳《大集经》十:"须弥可说口吹动,不可说佛有二语,实语真语及净语。"(言须弥山可说以人之口吹之使动,不可说佛有二语,盖佛之语,乃实语、真语及净语也。)

㊴ 真实不虚之语曰如语。

㊵ 诳,妄语也。

㊶ 不异,始终恒一。

㊷ 法,乃无为真如之法。

㊸ 六祖曰:"无实者,以法体空寂,无相可得,然中有恒沙德性,用之不匮,故言无虚。"

法体空寂,无相可得,故云无实。非相即相,有真空体,故云无虚。"虚""实"二字,合说有味:虚中悟出实际,实中悟出虚理。虚实相形,乃成如来妙法。余详第十七分注。

㊹ 住则着相,为烦恼所障,故云入暗。

㊺ 无住则人我两忘,智光独照,故云见种种色。

有所着,则为无明所障,不悟真如妙理,犹昏昏而不能使人昭昭。无所着,则洞达无碍,圆悟如来无上知见。自觉已圆,又能觉他。

㊻ 即未来之世也。

㊼《法华经·方便品》："诸佛智慧,甚深无量。其智慧门,难解难入。"《智度论》四十六:"佛智慧有二种：一者无上正智,名阿耨多罗三藐三菩提。二者一切种智,名萨婆若。"《圆觉经大疏钞》一:"一切种智,即诸佛究竟圆满果位之智也。种,谓种类,即无法不通之义也。谓世出世间,种种品类,无不了知,故云一切种智。"

㊽ 佛言:"若后世有善男女,能受持诵读此经,如来即以佛智慧尽知尽见,皆可成就无量无边功德。"

俗本多以"即为如来"断句,宜改正。

功德,详下第十五分注。

以上佛语。

# 持经功德分第十五

【笺注】

此正说持经功德之胜。功德，详下本分注。

"须菩提，若有善男子、善女人，初日分①以恒河沙等身布施②，中日分复以恒河沙等身布施，后日分亦以恒河沙等身布施，如是无量百千万亿劫③以身布施④。若复有人，闻此经典，信心不逆⑤，其福胜彼⑥，何况书写受持读诵，为人解说。⑦须菩提，以要言之，是经有不可思议⑧、不可称量⑨、无边功德⑩。如来为发大乘者说⑪，为发最上乘者说⑫。若有人能受持读诵，广为人说，如来悉知是人，悉见是人，皆得成就不可量、不可称、无有边、不可思议功德。如是人等，即为荷担如来阿耨多罗三藐三菩提⑬。何以故？须菩提，若乐小法者⑭，着我见、人见、众生见、寿者见，即于此经，不能听受读诵，为人解说。须菩提，在在处处，若有此经，一切世间天、人、阿修罗，所应供养。⑮当知此处即为是塔⑯，皆应恭敬，作礼围绕⑰，以诸华香而散其处。⑱"

【笺注】

① 佛制以一日分三时,曰初日分、中日分、后日分。

② 身布施注,见十三分。

③ 极长之时节,不能以寻常之年月日时计算者为劫,已详前注。

④ 恒河沙言其多,无量劫言其久,皆借喻也。佛所谓舍身布施,非真有此事,亦假设之辞。

陈雄曰:"佛恐世人执着如来忍辱之说,徒以身布施,而于自己性与他人性无纤毫利益,故于十三分言之。至此复言,屡救其失。"

⑤ 信心,即前十四分之"信心清净"。不逆,即前之"不惊、不怖、不畏",是与般若契合,一心随顺也。

⑥ 言其福尚胜舍身布施之福。

⑦ 六祖曰:"多劫舍身,不了诸法本空,有能舍所舍心在,元未离众生之见。若能闻经悟道,我人顿尽,言下即佛。故舍身有漏之福,不及持经无漏之慧也。"

⑧ 不可思议者,谓理之深妙、事之希奇,不能以心思之、以言议之也。即实在本体之如何状态,吾人不得而知之也。

嘉祥《法华义疏》三:"《智度论》云,小乘法中无不可思议事,唯大乘法中有之,如六十小劫说《法华经》谓如食顷。"

⑨ 不可以物称器量。

⑩《六祖坛经》云:"韦公曰:'和尚所说,可不是达摩大师宗旨乎?'祖曰:'是。'公曰:'弟子闻达摩初化梁武帝。帝问云:"朕一生造寺度僧,布施设斋,有何功德?"达摩言:"实无功德。"弟子未达此理,愿和尚为说。'祖曰:'实无功德,勿疑先圣之言。帝心执着,不知正法。造寺度僧,布施设斋,名为求福,不可将福便为

功德。功德在法身中,不在修福。'祖又曰:'见性是功,平等是德。念念无滞,常见本性真实妙用,名为功德。内心谦下是功,外行于礼是德。自性建立万法是功,心体离念是德。不离自性是功,应用无染是德。若觅功德法身,但依此作,是真功德。若修功德之人,心即不轻,常行普敬。心常轻人,若我不断,即自无功。自性虚妄不实,即自无德。为吾我自大,常轻一切故。善知识,念念无间是功,心行平直是德。自修性是功,自修身是德。善知识,功德须自性内见,不是布施供养之所求也。是以福德与功德别。武帝不识真理,非我祖师有过。'"

⑪ 发,乃"发起"之"发"。大,对小而言。乘,运载也。

王日休曰:"乘乃车乘之乘。大乘,谓菩萨乘也。阿罗汉独了生死,不度众生,故云小乘,盖如车乘之小者,唯能自载而已。缘觉之人,半为人,半为己,故为中乘,盖如车乘之适中者也。菩萨为大乘者,谓如车乘之大者,普能载度一切众生也。此经欲普度一切众生,故为发菩萨大乘者说也。"

《十二门论》曰:"摩诃衍者,于二乘为上,故名大乘。诸佛最大,是乘能至,故名为大。诸佛大人乘是乘,故名为大。又能灭除众生大苦,与大利益事,故名为大。又观世音、得大势、文殊师利、弥勒菩萨等,是诸大士之所乘,故名为大。又此乘能尽一切诸法边底,故名为大。又如《般若经》中佛自说摩诃衍义无量无边,以是因缘,故名为大。"

《宝积经》曰:"诸佛如来正真正觉所行之道,彼乘名为大乘,名为上乘,名为妙乘,名为胜乘、无上乘、无上上乘、无等乘、不恶乘、无等等乘。"

⑫ 至极之教法曰最上乘。诸宗各名其宗义,亦曰最上乘。

《法华经·药草喻品》:"若诸菩萨,智慧坚固,了达三界,求最上乘。"《六祖坛经》云："智常一日问师曰：'佛说三乘法，又言最上乘。弟子未解，愿为教授。'师曰：'汝观自本心，莫着外法相。法无四乘，人心自有等差。见闻转诵是小乘，悟法解义是中乘，依法修行是大乘。万法尽通，万法俱备，一切不染，离诸法相，一无所得，名最上乘。'"

⑬ 物在背曰荷，置肩曰担。《法华经》："为如来肩所荷担。"言此人即能以如来无上菩提之法，一身担任之。

⑭ 小法，小乘之法也。《法华经·方便品》："钝根乐小法。"又曰："少智乐小法。"《法华指掌疏》："乐小法者，虽值无量诸佛，不行菩萨深妙之道。"

⑮ 天、人、阿修罗，见第十二分注。

⑯ 梵言塔，犹华言庙也。已详前注。

⑰ 佛制，向右旋绕三匝，以为敬礼。法会之行道式，即本于此。《法华文句》二下："围绕者，佛初出世，人未知法，净居天化为人像，到已右旋。旋已敬礼，却坐听法。因于天敬，人以为楷。"又曰："围绕者，行旋威仪也。"《法华经·化城喻品》："诸天龙王乃至人非人等，恭敬围绕。"

⑱ 佛制，散花为供养佛之一种仪式。《无量寿经》下："悬缯燃灯，散花烧香，以此回向，愿生彼国。"《法华经》一："是时天雨曼陀罗华、摩诃曼陀罗华、曼殊沙华、摩诃曼殊沙华，而散佛上及诸大众。"《法华经·化城喻品》："即时诸梵天王，头面礼佛，绕百千匝，即以天华而散佛上。"

以上佛语。

# 能净业障分第十六

【笺注】

　　无垢光比丘犯戒,生大苦恼,佛为说净业障之法,故有《净业障经》。五逆十恶之业,障正道而害善心者,曰业障。言受持此经能消业障也。

　　"复次,须菩提,若善男子、善女人,受持读诵此经,若为人轻贱①,是人先世罪业②,应堕恶道③。以今世人轻贱故④,先世罪业,即为消灭,当得阿耨多罗三藐三菩提。⑤须菩提,我念过去无量阿僧祇劫⑥,于然灯佛前⑦,得值八百四千万亿那由他诸佛⑧,悉皆供养承事,无空过者。⑨若复有人,于后末世⑩,能受持读诵此经,所得功德,于我所供养诸佛功德,百分不及一,⑪千、万、亿分,⑫乃至算数譬喻所不能及。⑬须菩提,若善男子、善女人,于后末世,有受持读诵此经,所得功德,我若具说者⑭,或有人闻,心即狂乱,狐疑不信⑮。须菩提,当知是经义不可思议⑯,果报亦不可思议。⑰"

【笺注】

　　① 为他人所轻贱。轻贱,唐译一作"轻毁",一作"轻辱"。

② 先世,即前世、过去世也。《法华经·化城喻品》:"罪业因缘故,失乐及乐想。"

③ 恶道,地狱、饿鬼、畜生也。《大乘义章》八末:"乘恶行往,名为恶道。"

④ 以今世为他人所轻贱之故。

⑤ 若讷曰:"上明生善,今明灭恶。造作定业,不可逃避。行般若故,易重为轻。《大论》云:'先世重罪,应入地狱。以行般若故,现世轻受。譬如重囚应死,有势力护,则受鞭杖而已。'"

⑥《智度论》:"僧祇,秦言数。阿,秦言无。译无央数。"

劫,详前注。

⑦ 然灯佛,详前第十分注。

⑧《本行经》十二,那由他,隋言数千万。《玄应音义》三:"或言,那由他,当中国十万也。"那由他,有十万、百万、千万三种解。

⑨ 佛言:"我值诸佛,尽供奉而不怠,承顺而无违,无有一处空过者。"佛自言历事诸佛之多如此。

⑩ 末世,浇末之时代也。释迦入灭后五百年,为正法时。以后之一千年,为像法时。以后之万年,为末法时。末世即末法时也。

⑪ 佛言:"我供养诸佛之功德,不及持经功德百分之一。"

⑫ 言供养诸佛之功德,不及持经功德之千分之一、万分之一、亿分之一。

⑬ 言供养诸佛之功德,非但不及持经功德之百、千、万、亿分之一。若以持经功德分为极小之数,小至穷于算数,穷于譬喻,而供养诸佛之功德,亦不能及其极小分中之一分也。

唐玄奘译本作"我先福聚,于此福聚,百分计之所不能及(言以读经功德分为百分,而我之供养诸佛功德,尚不能及其一也),

如是千分(言不能及其千分之一)、若百千分(言不及其十万分之
一)、若俱胝百千分(一亿为俱胝)、若俱胝那庾多百千分(一兆为
那庾多)、若数分、若计分、若算分、若喻分、若邬波尼杀昙分(小至
不能计算也),亦不能及"。按:邬波尼杀昙,《慧琳音义》一释为
微细分析至极之言也。又卷十义译为微细,极至邻虚,名坞波尼
杀昙。秦译作"算数譬喻",此小数之极也。各家注释均误解,据
此可以订正之。

⑭ 具说者,详尽言之也。

⑮ 狐性多疑,故曰狐疑。《史记》蒯通曰:"孟贲之狐疑,不如
庸夫之必至也。"《离骚》:"心犹豫而狐疑。"

⑯ 不可思议,详前十五分注。

⑰《法华经·方便品》:"如是因,如是缘,如是果,如是报。"
譬如米麦之种为因,农夫之力及雨露之润等为缘。今年米麦成
熟,对于去年之米麦为种子者而言则为果,对于去年之农夫雨露
而言则为报。

以上佛语。

# 究竟无我分第十七

【笺注】

《三藏法数》六："究竟，犹至极之义。"

无我，非我也。人身为五阴之假和合，无常一之体为之主宰，故曰无我。

尔时，须菩提白佛言："世尊，善男子、善女人，发阿耨多罗三藐三菩提心，云何应住？云何降伏其心？①"佛告须菩提："善男子、善女人，发阿耨多罗三藐三菩提心者，当生如是心②：我应灭度一切众生③。灭度一切众生已，而无有一众生实灭度者。④何以故？须菩提，若菩萨有我相、人相、众生相、寿者相，即非菩萨。⑤所以者何？须菩提，实无有法发阿耨多罗三藐三菩提心者⑥。须菩提，于意云何，如来于然灯佛所，有法得阿耨多罗三藐三菩提不？⑦""不也，世尊。如我解佛所说义，佛于然灯佛所，无有法得阿耨多罗三藐三菩提。⑧"佛言："如是如是⑨。须菩提，实无有法如来得阿耨多罗三藐三菩提。须菩提，若有法如来得阿耨多罗三藐三菩提者，然灯佛即不与我授记⑩：汝于来世，当得作佛，号释迦牟尼⑪。以实无有法得阿耨多罗三藐三菩提⑫，是故然灯佛与我授记，作是言⑬：汝于来世，当得作佛，号释迦牟尼⑭。何以故？如来者，即诸法如义。⑮若有人言，如来得阿耨多罗三藐三菩提。须菩提，实无有法佛得阿耨多罗三藐三菩提。⑯须菩提，如来所得阿耨多罗三藐三菩提，于是中无实无虚，⑰是故如来说一切法⑱皆是佛法。⑲须菩提，所言一切法者，即非一切法，是故名一切法。⑳须菩提，譬如人身长大。㉑"须菩提言："世尊，如来说人身长大，即为非大身，是名大身。㉒""须菩提，菩萨亦如是㉓。若作是言㉔，我当灭度无量众生，即不名菩萨。㉕何以故？须菩提，实无有法名为菩萨㉖。是故佛说一切法，无我，无人，无众生，无寿者。㉗须菩提，若菩萨作是言㉘，我当庄严佛土㉙，是不名菩萨。㉚何以故？如来说庄严佛土者，即非庄严，是名庄严。㉛须菩提，若菩萨通达无我法者㉜，如来说名真是菩萨。㉝"

【笺注】

① 大圆曰："空生(须菩提)闻说经名，应离一切相，则人法皆空，已是了然。至此重复起疑，疑既已离相，心如何发？若欲并此所发之菩提而亦离之，则此心全无着落。菩萨行六度时，安住何处？并能发之法而亦离之，则菩提全无把柄。行菩萨行时，有许多难调伏处，此心又如何降伏？所以复申前问也。"

以上须菩提语。

② 如是，指下文而言。

③《涅槃经》曰："自未得度先度他。"《忏法》曰："先度众生，然后作佛。"故度一切众生者，乃我佛之所应为也。

④ 以上三句,其详注已见前第三分注。

六祖曰:"无众生实灭度者,为除能所心也,除有众生心也,亦除我见心也。"

⑤ 珠渊氏曰:"前分之所言如是,几似不问何人,只须受持读诵此经,即有不可思议之果报随之。是无上第一希有之法,可无俟于专心苦行而得之。是启人以狂乱狐疑不信矣。须菩提知其决无是理,因以心之应住与降伏者,重为致询,或冀佛之别有开导也。而佛之所告者,仍与第三分不少异。于以见功修自有一定,不可躐等而期。必无有住与降伏之不知,众生灭度之不讲,而着我、人、众生、寿者之相者,遽能受持读诵此经也。得此问答,理益明著。注家不能明其所以然,徒见其辞语之重复,既不敢谓传写有误,又不敢谓重出可删,深文曲说,弥见支离。"

⑥ 所以者何? 盖以真如本性,浑然天成,不受一尘,何有于法?

王日休曰:"此分大概如第三分所言,唯增'实无有法发阿耨多罗三藐三菩提心者'一句。且上既言'发阿耨多罗三藐三菩提心者,当生如是心',生如是心,则是法矣。若无法,乌能得见真性而成佛乎? 然此乃言'实无有法发阿耨多罗三藐三菩提心',何也? 盖上言'当生如是心'者,是心亦非真性中所有,亦为妄尔。故此言'实无有法',其意乃在于'实'字,谓究其实,则真性中无此也。佛怨弟子误认所谓'当生如是心'者为真实,故此又说破以为非实也。然则非徒本无一切众生而发此求真性之心者,亦本无法,盖真性中本来荡然空空,所谓一法不立,一尘不染者是也。"

⑦ 佛告须菩提:"昔我于然灯佛处,曾有法得无上菩提否?"其意与第七分之"如来得阿耨多罗三藐三菩提耶"相同,又与第十分之"如来昔在然灯佛所,于法有所得不"相同。

以上佛语。

⑧ 须菩提言："我晓佛所言之义，佛于本师处，并未坚执四相，而自以为得菩提之道也。"其意亦与第十分之"如来在然灯佛所，于法实无所得"相同。

以上须菩提语。

⑨ 如是如是，见前第十四分注。

⑩ 佛对于发心之众生授与将来必当作佛之记莂，曰授记。《演密钞》四："记莂者，谓世尊记诸弟子未来生事，记因果也。"

如来于彼时，一无所得，离诸分别，由无法故，所以然灯佛与以授记。若有法者，则有相心，不顺菩提，佛即不与授记。

⑪ 释迦，此翻能仁，姓也。牟尼，此翻寂灭，字也。

《本行经》曰："昔有莲华城，其王曰降怨。请然灯菩萨入城，路泥，善慧（即佛前世之名）布发而掩。然灯如来履之而过，即授以记，言其来世当得作佛，号释迦牟尼。"按：此说与《因果经》《成道记》互异，存之以备参考。

⑫ 此即无所有也。无所有，即空之异名。《楞严经》曰："安然得无所有。"

无所有，亦名无所得。体无相之真理，而心中无执着之处，无分别之处，故曰无所得。即空慧也，无分别智也。《涅槃经》十七："无所得者，则名为慧。有所得者，名为无明。"又曰："有所得者，名生死轮。一切凡夫轮回生死，故有所见。菩萨永断一切生死，是故菩萨名无所得。"

《智度论》十八："诸法实相中，决定相不可得，故名无所得。"《仁王》良贲疏中二："有所得心者，取相之心也。无所得心者，无分别智也。"

《维摩》慧远疏："无所得者，理中无情可得。此诸菩萨破去情相，到无得处，名为无所得。"又曰："观真舍情，名无所得。"

按：以上云云，已详第十分"如来在然灯佛所，于法实无所得"注。兹因此理颇不易解，故将前注复述。学者多读数过，必能悟无有法、无所得之真理也。

⑬ "是"字指下句而言。

⑭ 《魏书·释老志》曰："释迦生时，当周庄王九年。《春秋》鲁庄公七年夏四月，恒星不见，夜明，是也。"

⑮ 如来者，即诸法如其本性之义。

魏译作"言如来者，即实真如"。陈译作"如来者，真如别名"。唐义净译作"言如来者，即是实性，真如之异名也"。据以上各译本，知此句可作"如来者，即真如也"。自性清净心，谓之真如。

《探玄记》八："不坏曰真，无异曰如。前则非四相所迁（前字指不坏而言），后则体无差别（后字指无异而言）。"又曰："不变曰真，顺缘称如。由前义故，与有为法非一。由后义故，与有为法非异。二义同为一法，名曰真如。"

《大乘止观》："此心即自性清净心，又名真如，亦名佛性，亦名法身，亦名如来藏，亦名法界，亦名法性。"

据以上各说，知真如中不可有所得也。有所得则失真如本性，失真如即非如来矣。

⑯ 王日休曰："佛谓若有人言佛得无上正等正觉之真性，是人则为妄语。何则？真性者，佛本来自有之。止为除尽外妄，乃见真性耳。凡言得者，皆自外而得，此真性岂有自外而得哉？故言得者，则为不实语也。佛乃呼须菩提而自答云，非有法如来得之，名其法为无上正等正觉之真性也。盖性则吾之本有，法则自外而来。惟假法以去除外妄而明真性，岂谓于法有所得而名为真性哉？"

⑰ 是中,即真性中。心本真空,了无色相,故无实。色相共处,即真性实处,故无虚。

王日休曰:"如来所得正觉之法者,谓佛所得以明真性之法也。此非真性中所有,故曰非实,谓亦为妄也。然必赖于此以明真性,故云非虚。"

陈雄曰:"如来了无所得,而其所得者,菩提无上道耳。盖菩提无上道,有真空妙理存乎其间,实而无实,虚而无虚,与十四分'如来所得法'同。"

微师曰:"无实者,以菩提无色相故。无虚者,色相空处即是菩提故。知如来所证菩提之法,不空不有,故曰无实无虚。"

《金刚三昧经》曰:"菩提性中,无得无失,无觉无知,无分别相,无分别中即清净性。性无间杂,无有言说,非有非无,非知非不知。诸可法行,亦复如是。何以故?一切法行,不见处所,决定性故。本无有得、不得,云何得阿耨多罗三藐三菩提?"

⑱《智度论》二:"一切法略说有三种:一者有为法,二者无为法,三者不可说法。此三已摄一切法。"

⑲《法华经·安乐行品》曰:"菩萨观一切法空,如实相,不颠倒、不动、不退、不转,如虚空,无所有性。"《大宝积经》四:"如来尝说一切诸法皆是佛法,以于诸法能善了知名为佛法。"《大集经》九:"佛法者,名一切法。"

王日休曰:"因是之故,佛说诸法,皆是用之以修行而成佛之法也。然则法又岂可以无哉?今禅家绝不用法,大背经意矣。佛所以随说而又扫去者,盖谓不可泥于法耳,岂可绝无法哉?傅大士之颂曰:'渡河须用筏,到岸不须船。'今禅家不用法,乃未到岸而不须船者,岂不自溺于苦海,且误人于苦海哉?"

⑳ 一切法之非一切法,即第七分所云"非法非非法"也。以

是为渡河之筏,故假名为一切法。

唐义净译本作"一切法、一切法者,如来说为非法,是故如来说一切法者,即是佛法"。

㉑ 以大身之不实,喻诸法之本无。

以上佛语。

㉒ 非大身者,无有身相也。是名大身者,真如法体,广大无边也。此段宜与第十分"身如须弥山王"参观。

以上须菩提语。

㉓ 亦如是,承上意。言菩萨无我相,亦如佛之无身相也。

㉔ "是"字指下句而言。

㉕ 王日休曰:"梵语菩萨,此云觉众生。佛又呼须菩提而言,菩萨亦如是者。此'如是'乃指上文,盖谓觉众生者,亦非为真实,亦如大身之不为真实,徒虚名而已。何则? 真性中岂有觉众生哉? 唯有佛谓之觉。觉,即真性也。若作是言者,此'是言'乃指下文,谓'我当灭度无量众生,即不名菩萨'者。谓以众生为有,而我乃化之成佛而得灭度。如此见识,则不可名之为觉众生。以一切众生,于真性中本无,唯从业缘中现,故不可以为有也。"

㉖ 真性空空洞洞,实无有法名为菩萨,正以菩萨以清净得名耳。

㉗ 陈雄曰:"上文言实无有法,尚何有法可说耶? 然佛本无言说,其所说者,不过真空无相。《维摩经》云:'法无众生,离众生垢故。法无有我,离我垢故。法无寿命,离生死故。法无有人,前后际断故。'此真空无相法也。佛说一切法者此耳,外此则我佛无所说。"

㉘ "是"字指下句而言。

㉙ 详前第十分注。

㉚ 陈雄曰:"以定慧之宝庄严心佛土者,菩萨也。不言其功,而人莫见其迹。以金珠之宝庄严世间佛土者,凡夫也。自言其功,而常急于人知。《文殊般若经》云:'为一切众生发大庄严,而心不见庄严之相。'菩萨如是,岂肯自言其功哉? 若作是言,是四种相未除,即凡夫之见,其谁名为菩萨耶?"

㉛ 此与第十分之意同。心常清净,不染世缘,是为庄严佛土也。虽曰庄严,不可作庄严相,故曰即非庄严,但虚名之曰庄严而已。

㉜《止观》七:"为无智慧故,计言有我。以慧观之,实无有我。我在何处? 头足支节,一一谛观,了不见我。"

《原人论》:"形骸之色,思虑之心,从无始来,因缘力故,念念生灭,相续无穷。如水涓涓,如灯焰焰。身心假合,似一似常。凡愚不觉之,执之为我。宝此我故,即起贪瞋痴等三毒。三毒击意,发动身口,造一切业。"

《涅槃经》云:"如来为度一切,教诸众生修无我法。"

㉝ 颜丙曰:"通达无我法者,直下大悟,如漆桶底脱,四通八达,廓然无我。我身既无,何更有法? 人法双忘,只这真是菩萨,更莫别求。"

以上佛语。

# 一体同观分第十八

【笺注】

　　佛具五眼，体非实有，惟常住真心，虚灵不昧。眼虽分五，照共一心，所谓万法归一，更无异观。

　　"须菩提，于意云何，如来有肉眼不？[①]""如是，世尊，如来有肉眼。[②]""须菩提，于意云何，如来有天眼不？[③]""如是，世尊，如来有天眼。[④]""须菩提，于意云何，如来有慧眼不？[⑤]""如是，世尊，如来有慧眼。[⑥]""须菩提，于意云何，如来有法眼不？[⑦]""如是，世尊，如来有法眼。[⑧]""须菩提，于意云何，如来有佛眼不？[⑨]""如是，世尊，如来有佛眼。[⑩]""须菩提，于意云何，如恒河中所有沙，佛说是沙不？[⑪]""如是，世尊，如来说是沙。[⑫]""须菩提，于意云何，如一恒河中所有沙，有如是沙等恒河[⑬]，是诸恒河所有沙数佛世界[⑭]，如是宁为多不？[⑮]""甚多，世尊。[⑯]"佛告须菩提："尔所国土中，所有众生，若干种心[⑰]，如来悉知。[⑱]何以故？如来说诸心皆为非心，是名为心。[⑲]所以者何？须菩提，过去心不可得，现在心不可得，未来心不可得。[⑳]"

【笺注】

① 肉眼,人间肉身之眼也,为五眼之一。《无量寿经》下:"肉眼清澈,靡不分了。"

以上佛语。

② 以上须菩提语。

③ 天眼者,色界天人所有之眼。人修禅定而可得之,不问远近、内外、昼夜,皆能见物。为五眼之一。

以上佛语。

④ 以上须菩提语。

⑤ 慧眼者,能见一切众生之诸根境界,为五眼之一。又详前注。

以上佛语。

⑥ 以上须菩提语。

⑦ 法眼为五眼之一。《无量寿经》:"法眼观察究竟诸道。"《大经》慧远疏:"智能照法,故名曰法眼。"

以上佛语。

⑧ 以上须菩提语。

⑨ 佛眼者,佛陀之身中具备以上之四眼也,为五眼之一。

以上佛语。

⑩ 佛欲阐众生之心有若干种,故先设问如来有五眼。日月殊光如来解曰:"言肉眼者,照见胎、卵、湿、化色身起灭因缘也。言天眼者,照见诸天宫殿、云雨、明暗、五星、二曜旋伏因缘也。言慧眼者,照见众生慧性深浅、上品下生、轮回托荫因缘也。言法眼者,照见法身遍充三界、无形无相、尽虚空、遍法界因缘也。言佛眼者,照见佛身世界无比,放光普照破诸黑暗,无障无碍圆满十方,寻光见体知有涅槃国土也。此五眼如来。其中若有上根上智

之人，能识此五种因缘，即名为大乘菩萨也。"

《华严经》曰："肉眼见一切色故，天眼见一切众生心故，慧眼见一切众生诸根境界故，法眼见一切法相实相故，佛眼见如来十力故。"（一是处非处如实力，二知三世报业力，三知诸解脱三昧力，四知众生诸根上下力，五知众生种种欲力，六知世间种种性力，七知一切道至力，八得宿命智力，九得天眼能观一切力，十得漏尽智力。）

以上须菩提语。

⑪ 以上佛语。

⑫ 以上须菩提语。

⑬ 沙等恒河，谓一粒沙为一恒河也。

⑭ 言诸恒河中所有沙数，喻其数之多也。此皆假设之辞，前恒沙以喻布施，此恒沙以喻世界。

佛世界，佛所住之国土也。有秽土，有净土。

魏译"是诸恒河所有沙数佛世界，如是世界，宁为多不"，据此则"佛世界"三字当断句。

⑮ 以上佛语。

⑯ 以上须菩提语。

⑰《心地观经》八："心如画师，能画种种说故；心如僮仆，为诸烦恼所策役故；心如国王，起种种事得自在故；心如怨贼，能令自身受大苦故。"

⑱ 如来以清净五眼，皆尽见而知之。

王日休曰："所有众生，谓彼世界中凡有之众生，乃一切众生也。其众生之心，如来所以悉知者，以此心为妄想，乃自真性中现。既生此妄想心，自佛观之，则有形相矣。有形相，故可得而知也。若寂然如虚空，则无得而知矣。且所谓他心通者（六通：天眼通,彻视大千。天耳通,洞听十方。他心通,悉知种类。宿命通,达三世事。神境通,形无窒碍。如意通,任运自在),谓彼既起心念,则此可得而知也。闻有人把棋子手中,令他心通者观之,则知其为棋子,以己知为棋子故也。然己则不知其数之多寡,使彼言之,则亦不知其数,以己不知其数故也。由是言之,若一起心念,则如有形相,故可得而知。如佛者,岂止他心通而已哉?故无量众生,一起心念,皆悉知见,无足疑也。"

⑲ 六祖曰:"尔所国土中所有众生,一一众生皆有若干差别。心数虽多,总名妄心。识得妄心非心,是名为心。"

⑳ 不可得,空之异名也。

《智度论》五十二:"空中,前际不可得,后际不可得,中际不可得。"

《涅槃经·德王品》:"一切诸法,本性自空。何以故?一切法性不可得故。"

《未曾有经》云:"善男子,心无所住,不在内外中间。心无色相,非青黄赤白。心无造作,无作者故。心非幻化,本真实故。心无边际,非限量故。心无取舍,非善恶故。心无转动,非生灭故。心等虚空,无障碍故。心非染净,离一切数故。善男子,作是观者,即于一切法中,求心不可得。何以故?心之自性,即诸法性(真如)。诸法性空,即真实性。"

王日休曰:"常住真心,即真性也。是以自无量无数劫来,常一定而不变动,岂有过去、未来、现在哉?若有过去、未来、现在,则为妄想,此三心是也。且若饱而未欲食,则欲食之心为未来。饥而正欲食,则欲食之心为现在。食毕而放匕箸,则欲食之心为过去。是此心因事而起,事过而灭,故为妄想也。不可得者,谓无也。言此三心本来无有,乃因事而有耳。《圆觉经》所以言六尘缘影为自心相者,谓众生以六种尘缘之影为自己之心相也。"

若讷曰:"《本生心地观经》云:'如佛所说,唯将心法为三界主。心法本源,不染尘秽,云何心法染贪瞋痴? 于三世法,谁说为心? 过去心已灭,未来心未至,现在心不住。诸法之内,性不可得。诸法之外,相不可得。诸法中间,都不可得。心法本来无有形相,心法本来无有住处。一切如来尚不可见心,何况余人得见心法?'"

以上佛语。

# 法界通化分第十九

【笺注】

《往生要集》上："周遍法界,拔苦众生。"又曰："佛光明照法界念佛众生,摄取不舍。"

通化,弘通教化也。道宣律师《感通录》："罗什师今位阶三贤(见第七分注),所在通化。"

"须菩提,于意云何,若有人满三千大千世界七宝,以用布施,①是人以是因缘②,得福多不?③""如是,世尊。此人以是因缘,得福甚多。④""须菩提,若福德有实,如来不说得福德多。⑤以福德无故,如来说得福德多。⑥"

【笺注】

① 见第八分注。

② 因缘者,因其布施之功,缘之以得福也。前云福多者,是持诵功德。此云福多者,是修证极果。取义各别。

③ 以上佛语。

④ 以上须菩提语。

⑤ 佛谓若布施之福德,身享荣华,人见为有实也。究之不离业缘,有时而尽,如来不说福德多。

⑥ 舍大千珍宝布施,其福极多。若执着福德,则福德有时而尽。故云:"若福德有实,如来不说得福德多。"此是反释之义,言以福德无者,无希望心也。既无希望,即为无住相布施,其福德无尽。若依无住无为而布施者,故如来说得福德多。

以上佛语。

# 离色离相分第二十

【笺注】

色者，颜色。相者，形体。离者，不着。言求见如来者，离诸色相也。此分与第五分、第十三分之意同。

"须菩提，于意云何，佛可以具足色身见不？[①]""不也，世尊，如来不应以具足色身见[②]。何以故？如来说具足色身，即非具足色身，是名具足色身。[③]""须菩提，于意云何，如来可以具足诸相见不？[④]""不也，世尊，如来不应以具足诸相见。何以故？如来说诸相具足，即非具足，是名诸相具足。[⑤]"

【笺注】

[①] 具足，具备满足也。《法华经》："此大良药，色香美味，皆悉具足。"

色身为三种身之一，从四大五尘等之色法而成之身，谓之色身。《楞严经》十："由汝念虑，使汝色身。"

以上佛语。

[②] 欲见法身如来，识自本心，见自本性足矣，不应求之于具足色身。

[③]《坛经》云："皮肉是色身。"《华严经》云："色身非是佛。"观

此则知肉身无如来,殊不知有生如来存焉。知色身非法身,殊不知有妙色身存焉。《华严经》又云:"清净妙色身,神力故显现。"曰妙色身,则现一切色身三昧,便是法身如来,即非具足色身可知。以非具足色身,而名为具足色身者,盖得其所以具足色身故也。

以上须菩提语。

④ 欲见法身如来,亦不应求之于具足诸相。事物之相,表状于外,而想像于心,谓之相。《大乘义章》三本:"诸法体状,谓之为相。"《唯识述记》一本:"相,谓相状。"《法华》嘉祥疏三:"表彰名相。"

以上佛语。

⑤ 如来所说诸相具足,非徒取诸相也。般若观照,万家悉融。凡六神通、八解脱,具于自性中者,常满足尔。此妙相如来,内有真性如来焉,是名诸相具足。

以上须菩提语。

# 非说所说分第二十一

此明说法无我,扫尽从前说法相也。

"须菩提,汝勿谓如来作是念①,我当有所说法。莫作是念②。何以故?若人言如来有所说法③,即为谤佛,不能解我所说故。须菩提,说法者无法可说④,是名说法。⑤"尔时,慧命须菩提白佛言⑥:"世尊,颇有众生,于未来世⑦,闻说是法⑧,生信心不?⑨"佛言:"须菩提,彼非众生⑩,非不众生⑪。何以故?须菩提,众生众生者,如来说非众生,是名众生。⑫"

【笺注】

① 汝勿谓如来作我当有所说法之念。

② 谓须菩提不可作此念也。

③ 有所者,有所在也。即为有意,便着相矣,非无心顺应者也。

④ 众生皆有佛性。众生既悟,无法可说,犹孔子"予欲无言,天何言哉"之意。

⑤ 佛谓吾住世四十九年,何曾说着一字? 此即佛之所谓说

104

法也。

王日休曰："若人言如来有所说法，即为谤佛者，谓佛本不说法，以真性无法可说。若以为佛本说法，即为志在于法耳。佛岂志在于法哉？此所以为谤佛，所以为不能解佛所说之故也。佛又呼须菩提而言，说法者实无有法，谓本来无法，特为众生去除外妄而说耳。此法岂真实哉？众生既悟，则不用此法矣，故但虚名为说法而已。此分与第七分言'无有少法如来所得'之意大略同，亦与十三分所谓'无有少法如来所说'之意同。然此再举者，欲详言之，亦为续来听者说也。"

以上佛语。

⑥《行事钞》下三："《毗尼母》云：'下座指上座为尊者，上座指下座为慧命。'"《胜鬘宝窟》中本："慧命者，以广大甚深之慧为命，故名慧命也。如经言'慧命须菩提''慧命舍利弗'也。"

⑦ 今生以后之再生，谓之未来世。

⑧ 是法，指前文"无法可说，是名说法"而言。

⑨ 以上须菩提语。

⑩ 人人皆有佛性，与佛平等，故曰彼非众生。

⑪ 人人皆从众生中来，惜佛性为烦恼所蔽，失其本来面目，故曰非不众生。因现具众生之相故。

《六祖坛经》云："不悟，即佛是众生。一念悟时，众生是佛。"又云："自性若悟，众生是佛；自性若迷，佛是众生。自性平等，众生是佛；自性邪险，佛是众生。汝等心若险曲，即佛在众生中；一念平直，即是众生成佛。我心自有佛，自佛是真佛。自若无佛心，何处求真佛？"

⑫ 众生众生者，谓凡为众生者，则所谓一切众生也。如来说非众生，是名众生者，谓一切众生，佛皆以为非真实众生，但虚名

为众生而已。

从"尔时,慧命须菩提"起至"是名众生"凡六十二字,古本所无。唐穆宗时,长安僧灵幽入冥诵经,冥王令于濠州钟离寺石壁上摹本增入。

以上佛语。

# 无法可得分第二十二

【笺注】

　　无上菩提，本是真真空。我尚非有，何况于法。此言无得法之我，扫尽从前菩提相也。

　　须菩提白佛言："世尊，佛得阿耨多罗三藐三菩提，为无所得耶？[①]"佛言："如是如是。须菩提，我于阿耨多罗三藐三菩提，乃至无有少法可得，是名阿耨多罗三藐三菩提。[②]"

【笺注】

　　① 须菩提闻无法可说之义，恍然有得，白佛言："世尊，今佛得无上菩提，于法殆无所得耶？"详第七分注。

　　以上须菩提语。

　　② 佛深许其言曰："如是如是。我于无上正等正觉之法，不从外得，乃吾之真性也。真性中荡然空虚，神凝智泯，无有少法可得，是名无上菩提。"

　　《六祖坛经》曰："妙性本空，无有一法可得。既无一法可得，宁复有菩提可证耶？"

　　以上佛语。

# 净心行善分第二十三

【笺注】

净心者,吾人本具之自性清净心也。《宗镜录》二十六:"破妄我而显真我之门,斥情心而归净心之道。"

行善者,诸善奉行也。

"复次,须菩提,是法平等,无有高下,①是名阿耨多罗三藐三菩提。②以无我,无人,无众生,无寿者,③修一切善法④,即得阿耨多罗三藐三菩提。⑤须菩提,所言善法者,如来说即非善法,是名善法。⑥"

【笺注】

① 无高下浅深等之别,曰平等。是法,即前分"无有少法可得"之法也,即真如也。真如即佛性,佛性即法性也。《菩萨处胎经》:"法性如大海,不说有是非。凡夫贤圣人,平等无高下。惟在心垢灭,取证如反掌。"《法华经·方便品》:"自证无上道,大乘平等法。"

② 考六种译本,皆作"是法平等,无有高下"。然此所谓"是法"者,乃真如也。真如岂可谓之法哉?强名曰法耳。上自诸佛,下至蠢动含灵,其真如同一,故云平等。无有高下,谓色身则有高

下，真如则无高下也。所以名为无上正等正觉。

③ 真如中本无我、人、众生、寿者，此四者乃妄缘中现。而真如平等，岂有四者之异哉？

④ 五戒十善，世间之善法也。三学六度，出世间之善法也。浅深虽异，皆为顺理益己之法，是名善法。六祖云："于一切事无染无着，于一切境不动不摇，于一切法无取无舍，于一切时常行方便，于一切众生随顺说法，令皆欢喜信服，悟菩提真性，是名修一切善法。"

⑤ 一切善法，乃佛接引众生、除尽烦恼、发现真如之法也。依此法修行，即得无上正等正觉。此正等正觉，为真如中所本有，岂可谓之得哉？盖凡言得者，皆谓自外而得。此则非自外而得，故不可谓之得。然此之言得者，盖不得已而强名之曰得耳。

⑥ 须菩提，我所言善法者，乃接引众生入道之门，本来无此善法，不过假此以开悟众生耳，故但虚名为善法而已。

以上佛语。

# 福智无比分第二十四

【笺注】

福即福德，智即智慧。福与智合，等如虚空，无可比方者也。

"须菩提，若三千大千世界中所有诸须弥山王，如是等七宝聚，①有人持用布施。若人以此般若波罗蜜经，乃至四句偈等，受持读诵，为他人说。于前福德，百分不及一，百、千、万、亿分，乃至算数譬喻所不能及。②"

【笺注】

① 前以恒河沙喻其多，此以须弥山喻其大。

三千大千世界、七宝，详第八分注。

② 佛告须菩提云："三千大千世界中所有诸须弥山王，可谓大且多矣。设或以七宝之聚，等如许山之多，用以布施，福德不为大乎？然自性若迷，福何可救？若人以此般若经，并四句偈，受持而有得于心，演说而有益于世，则上成佛果，下度众生。此七宝布施之福德，不及持经功德百、千、万、亿之一分也，并不能及少小至无可算数、无可譬喻之一分也。以彼为世间福，终有时而受尽。此则为出世间福，愈增长而终无穷故也。"余详见第十六分。

五祖云："自性若迷,福何可救?"

六祖云："乘船永世求珠,不知身是七宝。"

以上佛语。

# 化无所化分第二十五

【笺注】

　　既是是法平等,孰为众生? 孰为度众生? 止随其本性而导之,故化无所化。此言无度生之我,扫尽从前度生相。

　　"须菩提,于意云何? 汝等勿谓如来作是念,我当度众生。须菩提,莫作是念。何以故? 实无有众生如来度者。若有众生如来度者,如来即有我、人、众生、寿者。[①]须菩提,如来说有我者,即非有我,[②]而凡夫之人[③]以为有我。须菩提,凡夫者,如来说即非凡夫,是名凡夫。[④]"

【笺注】

　　[①] 佛告须菩提曰:"汝勿谓如来作是念,我当有化度众生之心。汝莫作是念也。何以故? 般若真性,人人具足,虽如来以法度之,然度其所自有,非益其所本无,实无有众生是如来度者。若说众生必是如来化度,则如来便有我、人、众、寿者相矣。"

　　[②]《佛地论》一:"我谓诸蕴,世俗假者。"《智度论》一:"佛弟子辈等,虽知无我,随俗法说我,非实我也。"

　　[③]《梵网经》上:"我已百阿僧祇劫修行心地,以之为因,初舍凡夫,成等正觉,号为卢舍那。"《法华经》:"凡夫浅识,深着五欲。"

《大威德陀罗尼经》："于生死迷惑流转,住不正道,故名凡夫。"《佛性论》："凡夫以身见为性。"《止观》一："凡者,常也。亦非一也,席品多故。"

④ 凡夫者,如来说即非凡夫,盖凡夫能悟自性,便是如来,不过虚名为凡夫而已,所谓是法平等也。六祖云："具诸结缚,即是凡夫;我人不生,即非凡夫。不悟般若波罗蜜,即是凡夫;若悟般若波罗蜜,即非凡夫。心有生灭,即是凡夫;心无生灭,即非凡夫。心有能所,即是凡夫;心无能所,即非凡夫。"

凡夫,未见性人也,所以我相未忘。佛又恐人落分别界,故曰即非凡夫。所以见如来、凡夫,本同一性,不容分别。

以上佛语。

# 法身非相分第二十六

《大乘义章》十八："言法身者,解有两义:一、显本法性以成其身,名为法身。二、以一切诸功德法而成身,故名为法身。"

"须菩提,于意云何,可以三十二相观如来不?<sup>①</sup>"须菩提言:"如是如是<sup>②</sup>,以三十二相观如来。<sup>③</sup>"佛言:"须菩提,若以三十二相观如来者,转轮圣王<sup>④</sup>即是如来。<sup>⑤</sup>"须菩提白佛言:"世尊,如我解佛所说义,不应以三十二相观如来。<sup>⑥</sup>"尔时世尊而说偈言:"若以色见我<sup>⑦</sup>,以音声求我<sup>⑧</sup>,是人行邪道<sup>⑨</sup>,不能见如来<sup>⑩</sup>。"

【笺注】

① 云峰云:"前说'见如来',是一眼觑定意。此说'观如来',是一心会着意。前说在外,后说在内。此'观'字之解,与'见'不同也。"

如来,谓自性中之真佛也。宜与第五分互看。三十二相,见第十三分注。

以上佛语。

② 如是如是，见第十四分注。

③ 宋僧道川曰："错。颂曰：泥塑木雕兼彩画，堆青抹绿更装金。若将此是如来相，笑煞南无观世音。"

以上须菩提语。

④ 转轮圣王，天王也，管察天下人间善恶，身具三十二相。即位时，由天得轮宝，转其轮宝，可降伏四方，略称转轮王。

《智度论》四："问曰：'转轮圣王有三十二相，菩萨亦有三十二相，有何差别？'答曰：'菩萨相者，有七事胜转轮圣王。菩萨相者，一、净好；二、分明；三、不失处；四、具足；五、深入；六、随智慧行，不随世间；七、随远离。转轮圣王相不尔。'"

⑤ 以上佛语。

⑥ 六祖曰："世尊大慈，恐须菩提执相之病未除，故作此问。须菩提未知佛意，乃言如是如是，早是迷心。更言以三十二相观如来，又是一重迷心，离真转远。故如来为说，除彼迷心：'若以三十二相观如来者，转轮圣王即是如来。'转轮圣王虽有三十二相，岂得同如来？世尊引此言者，以遣须菩提执相之病，令其所悟深澈。须菩提被问，迷心顿释，故云：'如我解佛所说义，不应以三十二相观如来。'须菩提是大阿罗汉，所悟甚深，得方便门，不生迷路，以冀世尊除遣细惑，令后世众生所见不谬也。"

以上须菩提语。

⑦ 我者，人人所有之佛性也，真如也，如来藏也，与无我、我相之我有别。《涅槃经》曰："佛言：'善男子，我者即是如来藏义。一切众生悉有佛性，即是我义。如是我义，从本以来，常为无量烦恼所覆，是故众生不能得见。如贫女人，舍内多有真金之藏，家人大小无有知者。时有异人，善知方便，即于其家掘出真金之藏。女人见已，心生欢喜。善男子，众生佛性亦复如是，为诸烦恼之所

115

覆蔽，不能得见。如来今日普示众生诸觉宝藏，所谓佛性。真金藏者，即是佛性也。'"

⑧《华严经》曰："色身非是佛，音声亦复然。不了彼真性（即佛性也），是人不见佛。"

⑨ 邪道，唐玄奘译本作"邪断"。唐义净译本作"邪观"，非正观也。

⑩ 不能见如来，即如来藏也。即自性中之如来，为无量烦恼所覆藏，故不能见。须掘出其藏，则如来见矣。故《理趣般若经》曰："一切有情，皆如来藏。"《胜鬘宝窟》曰："如来性住在道前，为烦恼隐覆。众生不见，故名为藏。是众生藏如来也。"据此，则知求如来者，不可求之于外，当求之于内。果自见身内之如来，则释迦如来亦得见矣。试以宋僧道川之颂证之，其颂曰："见色闻声世本常，一重雪上一重霜。君今要见黄头老（黄头老乃释迦佛也），走入摩耶（摩耶夫人乃释迦佛母）腹内藏。噫，此语三十年后掷地金声在。"

# 无断无灭分第二十七

【笺注】

　　法固不可泥,然亦不可断灭。

　　"须菩提,汝若作是念①,如来不以具足相故,得阿耨多罗三藐三菩提。②须菩提,莫作是念③,如来不以具足相故,得阿耨多罗三藐三菩提。须菩提,汝若作是念,发阿耨多罗三藐三菩提心者,说诸法断灭④。莫作是念。何以故?发阿耨多罗三藐三菩提心者,于法不说断灭相。⑤"

【笺注】

　　①"是"字指下二句。

　　②"如来不以具足相故"之"不"字,杨氏圭注本谓衍文。新州印六祖注本、南浦陈氏施本俱无此"不"字。余以他种译本考之,如魏译作"须菩提,于意云何,如来可以相成就,得阿耨多罗三藐三菩提耶",陈译作"须菩提,汝意云何,如来可以具足相,得阿耨多罗三藐三菩提不",唐玄奘译作"佛告善现:于汝意云何,如来应正等觉,以诸相具足,现证无上正等觉耶",均无"不"字,是宜删。

　　③"是"字指下二句。

④ 诸法断灭者,谓一切法皆断之灭之而不用也。执着无相,沉空弃有,一切法皆断灭不用,反成槁木死灰矣。

⑤ 相,谓凡法之相也。佛经所谓相者,凡有者皆谓之相。故昼明则谓之明相,夜暗则谓之暗相。经所说之法,则谓之法相。非佛经所说之法,则谓之非法相。所以于此言不用法而断灭之者,则谓之断灭相也。且法者固不可以泥,然亦岂可以断灭之哉?譬如渡水,既渡之后,固不须舟楫。未渡之前,岂可无舟楫耶?是故既悟之后,不须佛法。未悟之前,不可以无佛法。所以发求无上正等正觉之心者,必须依佛法修行,不可遂断灭诸法而谓不用法也。

此一分经,分为四段。原佛之意,初则反其辞而语须菩提曰:"汝若作是念,如来以具足相故,得阿耨多罗三藐三菩提。"次则正其辞而谓之曰:"莫作是念,如来不以具足相故,得阿耨多罗三藐三菩提。"其下二段亦然,初则反其辞而语须菩提曰:"汝若作是念,发阿耨多罗三藐三菩提者,说诸法断灭相。"次则正其辞而谓之曰:"莫作是念,发阿耨多罗三藐三菩提者,于法不说断灭相。"

以上佛语。

# 不受不贪分第二十八

　　"须菩提，若菩萨以满恒河沙等世界七宝，持用布施。若复有人，知一切法无我，得成于忍。①此菩萨胜前菩萨所得福德②。何以故？须菩提，以诸菩萨不受福德故。③"须菩提白佛言："世尊，云何菩萨不受福德？④""须菩提，菩萨所作福德，不应贪着，是故说不受福德。⑤"

119

《大品经》云,不退转故,名阿鞞跋致。"

又《智度论》八十六:"乃至作佛,不生恶心,是故名无生忍。"《宝积经》二十六:"无生法忍者,一切诸法无生无灭忍故。"《大乘义章》十二:"理寂不起,称曰无生。慧安此理,名无生忍。"《仁王经》良贲疏:"言无生者,谓即真理。智证真理,名无生忍。"《楞严经》长水疏一下:"了法无生,印可决定,名无生忍。"又《楞严经》长水疏八上:"真如实相,名无生法。无漏真智,名之为忍。得此智时,忍可印持法无生理决定不谬,境智相冥,名无生忍。"

② 前菩萨以满恒沙等世界七宝,持以布施,福德虽大,犹如以箭仰射于空虚,势力尽时,箭还坠地。故人天福报有时而尽,往往临命终时,福尽而孽犹在,反堕恶道,受种种苦。所以得无生法忍者,心智寂灭,已处于不退转之位,胜于前菩萨布施之福德也。

③ 王日休曰:"以诸菩萨不受福德故者,谓菩萨济度众生,无非得福。然菩萨不享世间富贵,但积福于虚空而已,故曰不受福德。积于虚空,愈久而不已,直至于成佛,故成佛得其福德,如天地广大。所以佛称两足尊者,谓福慧两者皆足也。"

以上佛语。

④ 以上须菩提语。

⑤ 王日休曰:"菩萨所作福德,不应贪着者,谓菩萨本不为作福德而度众生,其福德自然随之。如人行日中,本不为日影,而日影自然随之。若为作福德而度众生,则是贪着其福德而欲享受也。为其非贪着而享受,是故说不受福德。其言'是故'者,盖为不贪之故,所以言不受也。"

以上佛语。

# 威仪寂静分第二十九

【笺注】

威仪者,行住坐卧也。寂静者,去来不动也。此从威仪中指出寂静。见性无染着,无生灭,不可认作以威仪为寂静。

"须菩提,若有人言,如来若来若去,若坐若卧,是人不解我所说义。①何以故?如来者,无所从来,亦无所去,故名如来。②"

【笺注】

① 佛呼须菩提曰:"若有人说,如来者,或来而感应,或去而入寂,或坐而跏趺,或卧而偃息。以此四威仪,遂指为如来,则着于有相,徒睹其形容,未窥其精蕴。此人不解我所说无相之义也。"

② 此明法身如来之常住不动也,即人人所有之佛性也。《涅槃经》二十七:"一切众生,悉有佛性。如来常住,无有变易。"《华严经》曰:"上觉无来处,去亦无所从。清净妙色身,神力故显现。"《三昧经》曰:"亦无来相及以去相,不可思议。"《法华文句》九:"遍一切处而无有异,为如。不动而至,为来。指此为法身如来。"

《维摩经·见阿閦佛品第十二》:"尔时,世尊问维摩诘:'汝欲见如来,为以何等观如来乎?'维摩诘言:'如自观身实相,观佛亦然。我观如来前际不来,后际不去,今则不住。不一相,不异相。不自相,不他相。非无相,非取相。不此岸、不彼岸、不中流,而化众生。观于寂灭,亦不永灭。不此不彼,不以此,不以彼。不可以智知,不可以识识。不在方,不离方。非有为,非无为。无示无说。不施不悭,不戒不犯,不忍不恚,不进不怠,不定不乱,不智不愚,不诚不欺,不来不去,不出不入,一切言语道断。非福田,非不福田。非应供养,非不应供养。非取非舍。非有相,非无相。同真际,等法性。不可称,不可量。不可以一切言说分别显示。世尊,如来身为若此,作如是观。以斯观者,名为正观;若他观者,名为邪观。'"

宗泐云:"有来去坐卧者,如来应身也。无来无去者,法身也。如来应用,示有动作,而法身之体,如如不动也。"

以上佛语。

# 一合相理分第三十

【笺注】

　　或作"一合理相"。今据南唐石本、六祖注本，皆作"一合相理"，言一合相之理也。详下注。

　　"须菩提，若善男子、善女人，以三千大千世界碎为微尘①，于意云何，是微尘众宁为多不？②"须菩提言："甚多，世尊。何以故？若是微尘众实有者，佛即不说是微尘众。所以者何？佛说微尘众，即非微尘众，是名微尘众。世尊，如来所说三千大千世界，即非世界，是名世界。③何以故？若世界实有者，即是一合相。④如来说一合相，即非一合相，是名一合相。⑤""须菩提，一合相者，即是不可说。⑥但凡夫之人，贪着其事。⑦"

【笺注】

　　① 微尘，见前第十三分注。

　　② 微尘之数，多至无量，故曰微尘众。《法华经·分别功德品》："大千界微尘数菩萨。"

　　以上佛语。

③ 世界最大，而可碎之为微尘。微尘最小，而可积之成世界。故微尘非微尘也，可假名曰微尘。世界非世界也，可假名曰世界。

④ 世界者，微尘集合也，谓之一合相世界。《华严经大疏演义钞》："一合相者，谓缘和合故，揽众微以成于色，合五阴等以成于人，名一合相。"

⑤ 以上须菩提语。

⑥ 真理者，可证知，不可言说，名为不可说。《涅槃经》有四种不可说：不生生不可说、生生亦不可说，生不生亦不可说、不生不生亦不可说，生亦不可说，不生亦不可说。

⑦ 若以世界为实有者，凝合尘众成一世界之相，即是一合相。然和合为相，有成即有坏，有生即有灭，皆属虚妄。如来所说一合相，即非一合相，乃强名为一合相而已。佛见须菩提已悟其旨，乃谓之曰："一合相者，此则不可说也。但凡夫贪恋执着，于世间一切事，认微尘为实有，而妄缘竞起；观世界为实有，而幻境愈增。非具金刚慧，何能崭然割断，一空此妄缘乎？"六祖曰："一合相者，眼见色爱色，即与色合。耳闻声爱声，即与声合。至于六尘若散，即是真世界。合即是凡夫，散则非凡夫。凡夫之人，于一切法皆合相。若菩萨于一切法皆不合而散。何以故？合即系缚，起生灭；散即解脱，亦不生，亦不灭。若有系缚生灭者，即是凡夫。所以经云：'但凡夫之人，贪着其事。'"

紫柏老人曰："众生从无始以来，名言习气，染深难化。故闻凡着凡，闻圣着圣，闻有着有，闻无着无，闻生死着生死，闻涅槃着涅槃，闻世界着世界，闻微尘众着微尘众。本心即隐没，被名言所转，执而忘返，埋没自性。所以如来说《金刚经》，即世界而破微尘众，即微尘众而破世界坚习。坚习既破，本心顿露。"又曰："世界可碎,微尘可合。则世界与微尘,未始有常也。而众生于未始有常之间,计世界为一,计微尘为多,不一即多,不多即一,酣计而不醒,从无始以来,至于今日,死此生彼,死彼生此,究其所以,不过我见未空,随处计着。故如来曰,一合相即不可说,凡夫贪其事。利根众生,苟知合微尘而有世界,世界果有乎?碎世界而为微尘,微尘果有乎?呜呼!此贵在自悟,不贵说破。"

# 知见不生分第三十一

此言空尽知见之相,收拾一部经文。

"须菩提,若人言,佛说我见、人见、众生见、寿者见。①须菩提,于意云何,是人解我所说义不?②""不也,世尊。是人不解如来所说义。何以故? 世尊说我见、人见、众生见、寿者见,即非我见、人见、众生见、寿者见,是名我见、人见、众生见、寿者见。③""须菩提,发阿耨多罗三藐三菩提心者,于一切法④,应如是知⑤,如是见,如是信解,不生法相。⑥须菩提,所言法相者,如来说即非法相,是名法相。⑦"

【笺注】

① 四相,已详第三分注。见与相不同。见犹未成相,有见而后有相,见在相前一层。相者,法所现也。见者,心所取也。四相乃经中所遣之执,而四相又成于四见。及至见归真见,而相亦无相矣。

紫柏老人曰:"夫我、人、众生、寿者四见,初本一我见耳。以展转横计,遂成四见。若以智眼观之,则一心不生,我尚不有,谁为我见？我见既拔，则余者不待遣而自空矣。又见我者，无主宰中强作主宰之谓。人见则待我而生。众生见即循情分别，不能返照之谓。寿者见，不过贪生畏死之念也。用是观之，则《金刚经》所说四见，实不在经，即在吾人周旋日用逆顺之间，与佛何干？虽然，若不是这瞿昙老汉曲折点破，则茫茫大块终古不旦矣。”

② 以上佛语。

③ 王日休曰：“此言无此四者之见识，谓真性中皆无此也。以此四见非谓真实，故云‘即非我见、人见、众生见、寿者见’；但为虚名而已，故云‘是名我见、人见、众生见、寿者见’。谓此见非真，性中所有，亦为虚妄故也。”

以上须菩提语。

④ 《法华经·药草喻品》：“于一切法以智方便而演说之。”又一切法，详第十七分注。

⑤ 如是，指下文“不生法相”而言。

⑥ 诸法，性一而相殊。其殊别之相，可自外见者，名曰法相。余详前第六分注。初入道时，若不假法相，即无入头处。既见性了，即当远离，不必执着，所谓“得鱼忘却筌，到岸不须船”也。

⑦ 于一切事不起四见，识自本性，见自本性。应如是真知，如是真见，如是信受解悟，则无上菩提浑然具吾天真内。凡在外有形迹之事，皆不生于心矣。然菩提心不离一切，不即一切。因物而付，不滞于物，即非法相，是假名为法相而已。

以上佛语。

# 应化非真分第三十二

【笺注】

此经反复说来，总归到真空无相，即自性也。性本虚空，"不取于相，如如不动"二句尽之。全经总为度生而发，故终之以演说。

"须菩提，若有人以满无量阿僧祇①世界七宝，持用布施。若有善男子、善女人，发菩提心者，持于此经，乃至四句偈等，受持读诵，为人演说②，其福胜彼③。云何为人演说？不取于相，如如不动。④何以故？一切有为法⑤，如梦幻泡影⑥，如露亦如电⑦，应作如是观。⑧"佛说是经已，长老须菩提⑨，及诸比丘⑩、比丘尼⑪、优婆塞⑫、优婆夷⑬，一切世间天、人、阿修罗，⑭闻佛所说，皆大欢喜，信受奉行。⑮

【笺注】

① 阿僧祇，无数也。详第十六分注。

② 演说，谓对于大众演述经义也。《法华经·序品》："演说正法。"《八十华严》六："依于一实理，演说诸法相。"

③ 彼，指以无量数世界七宝布施之人。

④ 法性之理体,不二平等,曰如。彼此之诸法皆如,故曰如如。是正智所契之理体也。《大乘义章》三:"言如如者,是前正智所契之理。诸法体同,故名为如。就一如中,体备法界恒沙佛法。随法辨如,如义非一,彼此皆如,故曰如如。如非虚妄,故经中亦名真如。"《玄应音义》二十三:"如如:历法非一,故曰如如。"

《无量寿经》下:"从如来生,解法如如。"净愿疏:"空同故曰如,解知一切万法皆如,名解如如。"

六祖曰:"若心取相,若取法相,若取非法相,即有所住。心无所住,方是真如。如者,万物一如,不起分别。犹如一月当空,千波现影。影有现灭,月实自如。"

刘道开曰:"'不取于相,如如不动'八字,乃全经之归宿,般若之宗旨。三十二分反复翻剥,只完个'不取于相'而已。由浅入深,层层剔发,只求到'如如不动'而已。"

⑤《大乘义章》二:"为,是集起造作之义。法有为作,故名有为。"《俱舍论光记》五:"因缘造作名为。色心等法,从因缘生。有彼为故,名曰有为。"《俱舍论颂疏·界品》一:"为者作也。此有为法,众缘造作,故名为。有彼为故,名为有为。"昔优波离尊者语阿难曰:"诸有为法,并是无常想。"

⑥ 隋嘉祥大师疏曰:"梦喻,过去法如昨夜梦见有,了悟则无也。幻喻,如幻师作种种物而无实。众生业幻,故见种种国土亦无实也。泡喻,如天雨渧成泡,小儿谓之即为珠,心生贪着。众生三受亦尔,从根尘识生,亦不实也。"

物体遮光线所生之影及镜面水面所生之影像,皆虚而不实,瞬息即灭。

⑦ 隋嘉祥大师疏曰:"露喻,露少时住,身亦尔。电喻,才现即灭,现在法亦尔。"

⑧ 言一切有为法，皆当作如是六者观看。《发菩提心论》下："思念观察一切有为法如实相，所谓无常、苦、空、无我、不净，念念生灭，不久败坏。而诸众生，忧悲苦恼，憎爱所系，但为贪恚痴火所然，增长后世苦恼大聚，无有实性，犹如幻化。见如是已，于一切有为法即生厌离。"

宋僧道川曰："行船尽在把梢人。颂曰：水中捉月，镜里寻头。刻舟求剑，骑牛觅牛。空华阳焰，梦幻浮沤。一笔勾下，要休便休。巴歌社酒村田乐，不风流处是风流。"

以上佛语。

⑨ 《大庄严经》曰："长老者，不在发白面皱，所贵能修福德，灭去众恶，净修梵行，是名长老。"又见前注。

⑩ 比丘者，凡出家为佛弟子，受具足戒者之总名也。旧译曰乞士，曰熏士。

《智度论》三："云何名比丘？比丘名乞士。清净活命，故名为乞士。复次，比名破，丘名烦恼。能破烦恼，故名比丘。复次，受戒时自言我是某甲比丘，尽形受持戒，故名比丘。复次，比名怖，丘名能，怖魔王及魔人民。当出家剃头着染衣受戒，是时魔怖。何以故怖？魔言是人必得入涅槃。"

《维摩经注》曰："比丘，秦言或名净乞食，或名破烦恼，或名净持戒，或名能怖魔。天竺一名该此四义，秦言无一名以译之，故存本名焉。"

⑪ 女子出家而受具足戒者之通称也。《慧琳音义》二："出家女之总名。"

⑫ 旧作"伊蒲塞"。《后汉书·楚王英传》："以助伊蒲塞、桑门之盛馔。"

《涅槃经》八："归依于佛者，男名优婆塞。"受持不杀、不盗、不邪淫、不妄语、不饮酒五戒,是名优婆塞戒。

⑬ 受持不杀、不盗、不邪淫、不妄语、不饮酒五戒之女子,名优婆夷。

⑭ 见第十二分注。

⑮ 佛既大阐般若之法,说经已毕。启请之长老须菩提,已领心印矣。其同会听法,有出家修道之比丘、比丘尼焉,有在家修道之优婆塞、优婆夷焉,一切世间之人、天上之人,并阿修罗之神,闻佛此经,各言下见性,幸正法之难遇,欣今日之躬逢。莫不净信承受,遵奉持行。虽亿万劫来,永证金刚不坏身也,发菩提心者,不奉持般若,何由到彼岸哉?

以上阿难记述之语,乃结经之常仪也。

# 金刚经灵异记

无锡丁福保仲祜编纂

叙曰：隋释嘉祥大师谓此经流行汉地二百余年，诵者得益，不可称记。昔在山僧诵之，空中弹指，异香满室。又开善法师诵得延寿七年。又朱仕行以《大品》投火，火为之灭，而经不烧。广益无量，不可具述。此称述《金刚经》灵异之最初者。余欲略举历代诵经灵异，以实嘉祥大师之言，以坚读经者之信心。于是检阅《古今图书集成·神异典》，见《金刚经》灵异事迹多至数百条。若悉数录入，恐阅者兴望洋之叹，乃撮其要领，得十分之二。各条以类相从，分一十四门，名曰《金刚经灵异记》，未始非读经者入门之一助也。

## 一　延　年

江陵开元寺般若院僧法正，每日持《金刚经》七遍。长庆初，得病卒，至冥司，见若王者，问师生平作何功德。答曰："常念《金刚经》。"乃揖上殿，令登绣坐，念经七遍。侍卫悉合掌阶下，拷掠论对，皆停息而听。念毕后，遣一吏引还，王下阶送曰："上人更得三十年在人间，勿废读诵。"因随吏行数十里，至一大坑，吏因临坑自后推之，若陨空焉。死已七日，惟面不冷。法正今尚在，年八十余。荆州僧常靖亲见其事。（《续酉阳杂俎》）

唐魏恂，左庶子尚德之子，持《金刚经》。神功初，为监门卫大将军。时京有蔡策者，暴亡，数日方苏。自云："初至冥司，怪以追人不得，将挞其使者。"使者云："将军魏恂持《金刚经》，善神拥护，追之不得。"即别遣使覆迫，须臾还报，并向冥官曰："且罢追。"恂闻，尤加精进。（《广异记》）

唐王陁，为鹰扬府果毅。因病，遂断荤肉，发心诵《金刚经》，日五遍。后染瘴疾，见群鬼来，陁即急念经。鬼闻便退，遥曰："王令追汝，且止诵经。"陁即为歇，鬼悉向前，陁乃昏迷欲绝。须臾，又见一鬼来云："念经人，王令权放六月。"既寤，遂一心持诵，昼夜不息。六月虽过，鬼亦不来。夜闻空中有声呼曰："汝以持经功德，当寿九十矣。"（《报应记》）

唐大历十一年，卫州别驾周伯玉，日持念《金刚经》，公私不易其心。一日，忽见梵僧来。问曰："是何尊者？"答曰："吾是般若会上须菩提也。汝诵经数年，惜未断肉。若果至心求佛，非长斋不可。"伯玉自此蔬食诵经，后前事预知，至九十坐化。（《金刚持验》）

贞元中，荆州天崇寺僧智灯，常持《金刚经》。遇疾死，弟子启手足犹热，不即入木。经七日即活，云，初见冥中若王者，以念经故，合掌降阶。因问讯，言："更容上人十年在世，勉出生死。"（《续酉阳杂俎》）

蒋仲甫闻之孙景修：近岁有人凿山取银矿，至深处，闻有人诵经声。发之，得一人，云："吾亦取矿者，以窟坏不能出，居此不知几年。平生诵《金刚经》自随，每有饥渴之念，即若有人自腋下以饼饵遗之。"殆此经变现也。（《东坡志林》）

## 二　得　子

宋绍兴九年，明州王氏，日持念《金刚经》，怀孕二十八月，多病羸瘦，深忧难产。偶倚门立，一异僧示之曰："汝有善根，何不印施《金刚经》千卷？"王氏印施如数，又斋千僧念《金刚经》千卷。至夜三更，见金刚神以杵指王氏腹。及觉，已生二男在床矣，相貌圆满，令人欣羡。王氏遂奉斋受持不辍，年至九十一岁，无疾坐化。（《金刚持验》）

明邓少峰，江西人，生于嘉靖己酉。每逢推命者，皆谓其少子少寿，遂发心诵《金刚经》祈寿，并祈子。至崇祯壬午寿终，九十五岁。生十三子，三十六孙。（《金刚持验》）

明万历辛亥间，淮北大商胡燃，关中人，妻吴氏。挟赀数十万，年四十，好善而无子。有僧化之曰："尔能刻《金刚经》施舍一藏，定产麟儿。"燃慨如其言。又施棺木一藏，并掩骸骼之暴露者。如是者十余年，功行圆满，延僧四十九众，建七昼夜道场。忽梦神人告曰："尔无忧子之迟也。上帝细察尔愿诚否，始终无替念否，将择福寿俱全者以畀之。"

越一载,姬妾连举三子,皆聪颖。夫妇年逾七十,家道益隆。(《金刚持验》)

## 三　吉　神　呵　护

唐韦克勤,少持《金刚经》。为中郎将,从军伐辽,没高丽。贞观中,太宗征辽,克勤少持《金刚经》,望见官军,乃夜出投之。暗不知路,乃至心念经,俄见炬火前导,克勤随火而去,遂达汉军。(《报应记》)

张镒相公先君齐丘,酷信释氏。每旦更新衣,执经于像前,念《金刚经》十五遍,数十年不懈。永泰初,为朔方节度使。衙内有小将负罪,惧事露,乃扇动军人数百,定谋反叛。齐丘因衙退,于小厅闲行,忽有兵数十,露刃走入。齐丘左右无奴仆,遽奔宅门,过小厅数步,回顾,又无人,疑是鬼物。将及门,其妻女奴婢复叫呼出门,云有两甲士,身出厅屋上。时衙队军健闻变,持兵乱入,至小厅前,见十余人仡然庭中,垂手张口,投兵于地,众遂擒缚。五六人暗不能言,余者具首,云:"欲上厅,忽见二甲士,长数丈,瞋目叱之,初如中恶。"齐丘闻之,因断酒肉。张凤翔,即予门吏卢迈亲姨夫,迈语予云。(《续酉阳杂俎》)

唐白仁皙,龙朔中,为虢州朱阳尉差。运米辽东,过海遇风,四望昏黑。仁皙忧惧,急念《金刚经》,得三百遍。忽如梦寐,见一梵僧谓曰:"汝念真经,故来救汝。"须臾风定,八十余人俱济。(《报应记》)

　　唐李廷光，为德州司马。敬佛，不茹荤血，常持《金刚经》。每念时，即有圆光在前。用心苦至，则光渐大；少怀懈惰，则光渐小暗。因此砥砺，转加精选。（《报应记》）

　　湖州安吉县沈二公者，金寇未至，梦一僧告之曰："汝前生所杀冤报至矣。汝家皆可远避，汝独守舍。见有一人长大，以刀破门而入者，汝无惧。即语之曰：'汝是燕山府李立否？'但延颈受刃，俟其不杀，则前冤解矣。"不数日，金人奄至。其家先与邻人窜伏远山，二公者虽欲往，不可得也。因坐其家，视贼之过。明日，果有一少年破门而入，见公，怒目以视。沈安坐不动，仰视之曰："汝非燕山府李立耶？"其人收刀视之，曰："我未杀汝，汝安知我姓名乡里如是之详也？"沈告以梦，李方叹息未已，顾案间有佛经一帙，问沈曰："何经也？"沈曰："是我日诵《金刚经》也。"李曰："汝诵此经何时也？"曰："二十年矣。"李即解衣，取一竹筒，中出细书《金刚经》一卷，指之曰："我亦诵此经五年矣。然我以前冤报汝，汝后复杀我。冤报转深，何时相解？今我不杀汝，与结为义兄弟，汝但安坐无怖，我留为汝护。"至三日，贼尽过。取资粮金帛与之而去。（《春渚纪闻》）

　　宋柴注，青州人。为寿春郡司理，因鞫谋命狱，一囚言："离城三十里，歇客为生。每过客携囊重独宿，夜分杀之，投尸于白沙河中。前后不知若干人，惟谋一老媪不得。"注问其故，囚曰："是年老妪独来投宿，某与兄弟见其行李不薄，至更深，遣长子推户。久乃还云：'若有人抵户，不可启。'某不信，携刀自行。及门，穴壁窥之，见红光中一大人，与房上下等,背门而立。某惊惧失声,几于颠仆。天将明,门方启,妪理发诵经不已。问何经,曰:'《金刚经》也。'乃知昨夜神人盖金刚云。"(《金刚持验》)

# 四 超度亡魂

吴可久,越人。唐元和十五年,居长安,奉摩尼教。妻王氏,亦从之。岁余,妻暴亡。经三载,见梦其夫曰:"某坐邪,见为蛇,在皇子陂浮图下。明旦当死,愿为请僧就彼转《金刚经》,冀免他苦。"梦中不信,叱之。妻怒,唾其面。惊觉,面肿痛不可忍。妻复梦于夫之兄曰:"园中取龙舌草捣敷立愈。"兄寤,走取授其弟,寻愈。诘旦,兄弟同往请僧转《金刚经》,俄有大蛇从塔中出,举首遍视,经终而毙。可久归佛,常持此经。(《报应记》)

宋荆州江陵县李元宗女,十三岁时,梦一梵僧谓曰:"汝有善根,何不持念《金刚经》?"又云:"世间善男子、善女人,每日净心能诵一卷,阳间增寿,命终即生天界。若能究竟般若,直到涅槃彼岸。即或未达经意,死去,阴府亦不能拘录,当生富贵家,受诸胜报。"元宗女信之,遂日诵《金刚经》三卷。年二十四,不愿有家,忽患伤寒,三日卒。冥王照勘无罪,及见女子头上有佛显现,王云:"此女有般若功。"即放还魂。临放时,王嘱曰:"汝父造业,致先减阳寿二纪,不久追来对证。因汝父好取生鱼切脍,今有鱼七千余头,状诉索命。归问汝父,每夜梦落网中,昼则头痛,此鱼求报也。"女还魂白父，父惊无措，遂偕女往天宁寺，斋百僧，断除荤酒，手书《金刚经》四十九卷。书毕，元宗忽梦数千青衣童子向之拜曰："我等被君杀戮，诉冤索命。今蒙写经功德，咸乘善力，出离苦趣，生善道矣。君既释冤，又添遐算。"后元宗自此持诵益虔，至寿百二十岁，无疾，沐浴坐逝。（《金刚持验》）

明嘉靖间，少保戚公继光为副总时，以倭乱，提兵守御三江。素虔持《金刚经》，虽在行间不废。一夕，梦阵亡亲兵某云："明日当令妻诣公，乞为诵《金刚经》一卷，以资度脱。"旦日，兵妻果来，吁如梦中语。公次晨斋素，为诵经讫。是夜兵妻梦夫语曰："感主帅为我诵经，但其中夹杂'不用'二字，功德不全，尚未得脱苦耳。"兵妻明旦复以梦吁。公大讶，因忆诵经时，夫人遣婢送茶饼至。公遥见，挥手却之，口虽不言，而意中云"不用"也。公时以语幕客，事遂传焉。（《金刚持验》）

明万历桐乡吴君平，童年能孝，早失怙恃。馆灵隐寺韬光房，累试不第。每念亲恩难报，痛泣不已。有僧言："人子欲报亲恩，写经为最。"君平遂发心茹淡斋四十九日，刺血写《金刚经》一卷。两臂胸前，共刺十一刀，僧俗齐集观血经，莫不叹曰："先生诚心苦行，诸佛靡不鉴馨。以此而酬罔极，胜功名之显扬万万也。但补阙真言未写。"君平复于胸前刺一刀，书讫，夜即梦见父母在云端谓曰："赖儿刺血写经，孝心感格，我二人超生净土矣。尔本无子，佛又遣一善童子继尔嗣。"其年果生一男。数月后，试以荤物，

闭口不食。君平亦誓毕生持斋诵经,身上刀痕斑斑现在
也。(《金刚持验》)

## 五 消灭业障

范文正公,原籍四川成都,仕苏州府尹,遂寄居焉。母
亡三七,梦泣告曰:"母以阳世造业,为泰山府君所羁,日夕
受苦难言。吾儿素孝顺,乞诵功德经一藏,救拔母罪,幸勿
迟疑。使母一入地狱,便永远不得超生矣。"去复回顾,嘱
云:"功德经,即《金刚般若》也。"公昧旦,惊哭而醒。即沐浴
斋戒,躬就元墓禅林,延僧讽经七日。至第六日夜,又梦母
曰:"缘儿至诚礼忏,感白衣大士降凡,持经半卷。今母不但
消罪,更得生天,皆佛力也。明晨,儿入经堂询之自知。"公
候法事完满,备赍厚酬众僧,因问:"第六日讽经,内有只持
半卷者。"众俱失色,答曰:"所礼经典,俱如数完,岂有只持
半卷之事?"旁有一僧从容告云:"昨日大众念经,山僧倚立
默看,至第十六分,候大人至拈香,便归厨作务。今承问,敢
以直对。"公即稽首下拜。僧言"莫莫",忽腾空不见。缁俗
无不瞻仰。公因是创设莫莫禅堂,以志灵异,至今不泯。
(《金刚持验》)

唐宪宗元和八年三月,河南节度使吴少阳出巡各郡。
舟行间,远视一驿夫,足不踏地,问其名姓,对曰:"小人全
信,为公差捉充驿夫。"问何生理,答曰:"夫妇卖酒腐营生。
素食三十余年,每日持诵《金刚经》三卷,得闲念佛。"又曰:

"汝所念《金刚经》肯卖否?"信曰:"可。"吴曰:"每月计银一两,三十余年,共与汝三百六十两何如?"即取银与信。吴再视之,信登岸足着地矣。至九年闰月十五日,吴病被拘执,忽天降一金刚神,叱鬼曰:"此人买有《般若经》功,不得绳缚。既数终,任散行可也。"鬼吏跪曰:"诺。"吴醒,告妻子曰:"我生不持斋,罪业甚大。旧年途次买全信经力,灭罪一半。尔等亟宜奉持《金刚经》,莫到临终时悔是迟也。"更嘱以延僧虔诵,救我冥中之苦。言讫而终。(《金刚持验》)

太和五年,汉州什邡县百姓王翰,常在市日逐小利。忽暴卒,经三日却活,云冥中有十六人同被追,十五人散配他处。翰独至一司,见一青衫少年,称自己侄,为冥官厅子,遂引见推典。又云是己兄,貌皆不相类。其兄语云:"有冤牛一头,诉尔烧畲枉烧杀之。尔又曾卖竹与杀狗人作签筶,杀狗两头,狗亦诉尔。今名未系死籍,犹可以免。为作何功德?"翰欲设斋及写《法华经》《金光明经》,皆曰不可。乃请曰:"持《金刚经》日七遍与之。"其兄喜曰:"足矣。"及活,遂舍业出家,今在什邡县。(《续酉阳杂俎》)

明颜光裕,世袭儒业。一日,同乡绅耆老入金刚会听经,讲论至暮而归,踊跃叹服,欲究其旨,以赴铨未暇。后任太和县事,忽病,梦二青衣拘入阴府,景象晦冥,森严凄惨。少顷,见王执簿吏曰:"光裕阳寿已尽,在生业重好杀,恣意烹炙,且好贪牛犬,即有无数生灵对执索命。"王判押赴油火煎炼。牛头叉入沸鼎,只见莲花遮体,滚沸澄清。鬼判禀王,合掌请见:"果何功德,化斯罪业?"令察善簿,只有持诵

《般若》一日之功,植此金刚不坏之体。王曰:"善哉,延尔寿禄,还魂,普劝世人奉持。"返魂,已经七日。自后课诵不辍,刻施《金刚经》六千卷,官历大参,年至七十。临终,香闻里巷。苦口嘱戒子孙,世代受持最上经典。言毕而逝。颜子六十六代孙博士伯廉记。(《金刚持验》)

明嘉兴府报忠坊范氏仆,失记姓名。居士王载生幼时,见其每日肩菜担行市中,喃喃念诵不休。其蚤起营趁,必先于佛前焚香跪诵《金刚》数卷始出,晚必赴金明寺佛殿礼佛回向乃归。途次遇生命,每减钱买放。逢丐乞病者,减口食施之。家主与之妻,不愿,遂听出家,投三塔大乘禅师剃发为弟子。数年辛勤作务,凡禅堂苦役,悉身任之,未尝告倦。忽一日示疾,告众曰:"我夙生以诵《金刚》怠慢,故罚作人奴,今限满,当往善地受生矣。"遂瞑。(《金刚持验》)

# 六 治愈疾病

唐强伯达,元和九年家于房州。世传恶疾,子孙少小便患风癞之病,二百年矣。伯达才冠便患,嘱于父兄,疾必不起。虑贻后患,请送山中。父兄裹粮送之岩下,泣涕而去。绝食无几,忽有僧过,伤之,曰:"汝可念《金刚经》内四句偈,或脱斯苦。"伯达既念,数日不绝。方昼,有虎来,伯达惧甚,但瞑目至诚念偈。虎乃遍舐其疮,唯觉凉冷如傅上药,了无他苦。良久,自看其疮,悉已干合。明旦,僧复至,伯达具说。僧即于山边拾青草一握以授,曰:"可以洗疮。但归家,煎此以浴。"乃呜咽拜谢,僧抚背而别。及到家,父母大惊异,因启本末。浴讫,身体鲜白,都无疮疾。从此相传之疾遂止,念偈终身。(《报应记》)

长庆中,荆州公安僧会宗,姓蔡,尝中蛊得病骨立,乃发愿念《金刚经》以待尽。至五十遍,昼梦有人令开口,喉中引出发十余茎。夜又梦吐大蟆,长一肘余,因此遂愈。荆山僧行坚见其事。(《续酉阳杂俎》)

明秀水庠生濮可重妻王氏,子女各一,相继痘殇。氏哭之过哀,双目成瞽,遂专心持念《金刚经》,凡数岁。忽诵经次,左目流水,痛割如裂,则豁然明矣。右目过数日亦然,因诵持愈笃。夜梦佛语曰:"汝本无子,以诵经故,赐汝一子。"氏后果生子,因名经赐。(《金刚持验》)

明昆山周少岳,讳之程。五十丧明,其瞳子反背碧色,昼如黑夜,自以为废于世矣。一心皈依佛氏,以消宿愆。每日清晨,庄诵《金刚经》三卷,诵则高声赞扬,客至不为礼,积十五年。忽一日,炯然见物,旋见旋晦。惊疑未定,令家人视之,见左目眸子摇动,露光一发。二月余,碧瞳渐转,两眼清光尽复。比之少年,更能视远。少岳感念《金刚》神力,诵经益虔。(《金刚持验》)

# 七 水火不能伤

唐吴郡陆怀素,贞观二十年失火,屋宇焚烧,并从烟灭,惟《金刚般若波罗蜜经》独存,函及标轴亦尽,惟经字竟如

故,闻者莫不惊叹。怀素即高阳许仁则妻之兄也。仁则当时目睹,常与人言之。(《冥报记》)

唐曹州济阴县西二十里村中有精舍,至龙朔二年冬十月,野火暴起,非常炽盛。及至精舍,逾越而过焉。比僧房草舍,焚燎总尽,唯《金刚般若经》一卷俨然如旧。曹州参军说之。(《法苑珠林》)

元和中,严司空绶在江陵时,澧阳镇将王沔,常持《金刚经》。因使归州勘事,回至吒滩,船破,五人同溺。沔初入水,若有人授竹一竿,随波出没,至下牢镇,着岸不死。视手中物,乃受持《金刚经》也。吒滩至下牢三百余里。(《续西阳杂俎》)

唐元初,九江人,贩薪于市,年七十,常持《金刚经》。晚归江北,中流风浪大起,同涉者俱没,惟初浮于木上,即漂南岸。群舟泊者,悉是大商,见初背上光高数尺,意其贵人。既得活,争以衣服遗之。及更召以与饭,语渐熟,乃知村叟。因诘光所自,云:"某读《金刚经》五十年矣,在背者经也。"前后厄难无不获免,知是《金刚经》之力也。(《报应记》)

倪勤,梓州人,唐太和五年,以武略称。因典涪州兴教仓,素持《金刚经》。仓有厅事面江,甚为胜概,乃设佛像而诵经其中。六月九日,江水大涨,惟不至此厅下,勤读诵益励。洎水退,周视数里,室屋尽溺。惟此厅略不沾渍,仓亦无伤,人皆礼敬。(《报应记》)

明沈济寰,居嘉兴北丽桥,开青果店。每晨起,必持《金刚经》。或出外,则一袋贮经悬胸前,不旷持诵。万历癸巳冬,往洞庭山贩橘,太湖中流,陡遇龙风,湖面昏黑。沈船漂荡如叶,楫橹尽失,巨浪如屋,高出于船丈余,船已陷没水底。呼号间,忽有巨力提船而起,拔出波间,夹送如飞,顷刻达翁家嘴登岸。则岸人共见有两金甲神行水中,左右擎船而来。船中人知为《金刚》拯救,共感沈德,号为青果沈佛家。(《金刚持验》)

## 八　刀兵不能伤

唐临安陈哲者,家住余杭,精一练行,持《金刚经》。广德初,武康草贼朱潭寇余杭。哲富于财,将搬移产避之。寻而贼至,哲谓是官军,问贼今近远。群贼大怒曰:"何物老狗,敢辱我!"争以剑刺之,每下一剑,则有五色圆光径五六尺以蔽哲身,刺不能中。贼惊叹,谓是圣人,莫不惭悔,舍之而去。(《广异记》)

唐徐玘,家巨富,充浙西府吏。每夜五更,诵《金刚经》三卷方入公门。有贼百人劫其家,缚玘箭射。玘云:"金刚不坏身,今如之何?"须臾,见佛现空中,发箭百无一中。贼惊问,知其为诵经之感,遂释之。众贼皆弃兵改行。(《金刚持验》)

唐三刀师者,俗姓张,名伯英。乾元中为寿州健儿,性至孝。以其父在颍州,乃盗官马,往以迎省。至淮阴,为守遏者所得。刺史崔昭,令出城腰斩。时屠剑号能行,刀再斩,初不伤损,乃换利刀,罄力砍,不损如故。刽者惊曰:

"我用刀砍至其身,则手懦,不知何也。"遽白之昭。问所以,答曰:"昔年十五,曾绝荤血诵《金刚经》十余年。自胡乱以来,身在军中,不复念诵。昨因被不测罪,唯至心念经尔。"昭叹息,舍之。遂削发出家,着大铁铃乞食,修千人斋供,一日便办。时人呼为三刀师,谓是启敬菩萨。(《广异记》)

方腊据有钱塘时,群贼散捕官吏,惨酷之。有任都税阮者,其家居祥符寺之北,远府十里。每晓起赴衙集,即道中暗诵《金刚经》,率得五卷,二十年不废。贼七佛子者执之,令众贼射于郡圃。任知不免,但默诵经不辍,而前后发矢数百,无一中其体者。贼惊问之,疑有他术。语以诵经之力,贼皆合爪叹息,释之,且戒余贼勿得复犯其居也。至今尚在,年八十余矣。(《春渚纪闻》)

明吴县至德乡计仲伟,裔出旧家,幼即志超尘俗。年十二,父欲为订姻,力辞。至十七岁,择日将娶,复避入山中,励志苦修,信持《般若金刚经》。父母不得已,捐聘吐亲。伟乃奉亲命而归,孑然一身,筑室供佛,惟讽诵大乘经三十余年。顺治壬辰,里有巨恶李禹吾,捏人命诬伟,县令误断议绞,闻者冤之。方审时,若聋若愦,绝不辩答一言。次日,亲友进监问故,曰:"我于彼时竟不省在堂审事。"又问:"夹打痛否?"曰:"我全不知痛苦。"众视其足,毫无所伤,但隐隐有"金刚"二字在上,人莫不赞为诵经之力。直指李森先按苏,母氏控冤,得白。禹吾反坐,毙于狱。今著有《金刚解》,现付梓。(《金刚持验》)

## 九　锁械不能缚

　　唐崔文简，先天中任坊州司马。属吐蕃奄至州城，同被驱掠，锁械甚严。至心念经，三日，锁忽自开。虏疑有奸，棰挞，具以实对。问云："汝有何术？"答云："念《金刚经》。"复令锁之，念未终，又解。众皆叹异，遂送出境。(《太平广记》)

　　唐长安县死囚，入狱后，四十余日，诵《金刚经》不辍口。临决脱枷，枷头放光长数十丈，照耀一县。县令奏闻，元宗遂释其罪。(《广异记》)

　　唐裴宣礼，天后朝为地官侍郎，常持《金刚经》。坐事被系，宣礼忧迫，唯至心念经，枷锁一旦自脱。推官亲访之，遂得雪免。御史任植同禁，亦念经获免。(《报应记》)

## 十　猛兽不能害

　　蜀路白卫岭，多虎豹噬人。有选人京兆韦，忘其名，唐光化中调授巴南宰，常念《金刚经》。赴任，至泥溪，遇一女人，着绯衣，挈二子偕行，同登此山。前路岭头行人相驻叫噪，见此女人乃赤狸大虫也，逡巡与韦分路而去，韦终不觉，盖持经之力也。(《北梦琐言》)

　　石首县有沙弥道荫，常持念《金刚经》。宝历初，因他出，夜归，中路忽遇虎，吼掷而前。沙弥知不免，乃闭目而

坐,但默念经,心期救护。虎遂伏草守之。及曙,村人来往,虎乃去。视其蹲处,涎流于地。(《续酉阳杂俎》)

唐王令望,少持《金刚》。及还邛州,临溪路极险阻。忽遇猛兽,震怖非常,急念真经。猛兽熟视,曳尾而去,流涎满地。曾任安州判司,过扬子江,夜风暴起,阻船数百艘,相接尽没,唯令望船独全。后终亳州谯令。(《报应记》)

# 十一 禽兽听诵经

明万历初,侍中钟公复秀、徐公遵寿,俱住京城罗家巷,奉佛念《金刚经》。别院净至数间,二公联坐诵持。钟家有二白鹅,闻经闻念佛,辄尾二公后,作声而行,逐之不去,昂首若听,行止皆随木鱼声。逾数年,二鹅并对经案立化。二公为瘗于净业寺后地,号听经鹅冢。(《金刚持验》)

明永乐间,扬州如皋县城北三十里,有孙公廿二者,长斋建庵,晨昏庄诵《金刚经》三十卷,如是者四十年。时当草昧,邑濒于海,无城郭,豺狼为害。或往来村墟,听经声,辄俯首去。偶飓风大作,邻屋皆荡析,公诵经如常,庵岿然无恙。室无扃钥,诸檀那所施米谷钱帛,勿论僧俗,遇乏概分给之,深得不住布施之义。逝后,乡人立祠专祀。二百余年以来,每值春秋祭赛,巫祝必讽诵《金刚经》,以妥其神。今邮亭曰孙公铺者,其遗址也。(《金刚持验》)

## 十二 善 终

何轸，鬻贩为业。妻刘氏，少断酒肉，常持《金刚经》。先焚香像前，愿年止四十五，临终心不乱，先知死日。至太和四年冬，四十五矣，悉舍资妆供僧。将入岁暮，遍别亲故。何轸以为病魅，不信。至岁除日，请僧受八关，沐浴易衣，独处一室，跌坐，高声念经。及辨色，悄然。儿女排室入，看之，已卒，热灼手。轸以僧礼葬，塔在荆州北郭。（《续酉阳杂俎》）

明绣水钱永明室张氏，素诚心奉佛，日织一布，于布机中诵《金刚经》十卷以为常课。一日正织间，诵至"不于一佛、二佛、三四五佛而种善根，已于无量千万佛所种诸善根"句，忽停梭合掌。子妇觉其有异，呼之，则已瞑目坐脱。曾无一日疾病。时万历庚申年七月初四日也。（《金刚持验》）

## 十三 生净土

唐于昶，天后朝任并州录事参军。每至一更后，即喘息流汗，二更后愈。妻柳氏将召医工，昶密曰："自无他苦，但昼决曹务，夜判冥司事，力不任耳。"每知有灾咎，即阴为备，都不形言。凡六年。后丁母艰，持《金刚经》，更不复为冥吏，因极言此经功德，力令子孙讽转。后为庆州司马。年八十四，将终，忽闻异香，非近代所有，谓左右曰："有圣人迎我

往西方。"言讫而没。(《报应记》)

唐薛严,忠州司马。蔬食长斋,日念《金刚经》三十遍。至七十二,将终,见幢盖音乐来迎。其妻崔氏,即御史安俨之姑也。属纩次,见严随幢盖冉冉升天而去,呼之不顾。一家皆闻有异香之气。(《报应记》)

唐房翥,生平崇信觉王,每日念佛持《金刚经》。一日暴死,至冥司,主者谓曰:"据案簿,君有般若功。且曾劝一老人念佛,已生净土。君承此福力,亦合往生。"翥曰:"余发愿诵《金刚》万卷,今尚未完,俟毕愿,往生可也。"主云:"诵经满愿,固为好事,不如早生净土为佳。"知其志决,遣吏送还。(《金刚持验》)

唐永徽元年,释明濬暴死,见二青衣引见冥王,问:"一生何艺?"濬答以但诵《金刚经》。王曰:"善哉。若诵十万遍,明年必生净土,弟子不见师也。"乃放还。濬愈加精进,至二年三月坐化,咸闻异香。(《金刚持验》)

明严江,相城皮工也。中年弃业,于佛寺担斋饭。在路专持《金刚经》,并念阿弥陀佛不绝声。年六十余,忽绝粒饮水一月,乃言曰:"我当以某日某时去。"至期,沐浴更衣,跏趺而化。焚之,得舍利数合,其舌坚如金石,扣之有声。时正德十三年事也。(《金刚持验》)

# 十四 种种不可思议

唐陈国窦公夫人豆卢氏,芮公宽之姊也。夫人信罪福,常诵《金刚般若经》。未尽卷一纸许，忽头痛，至夜逾甚。夫人自念，傥死，遂不得终经。欲起诵之，令婢燃烛，而火悉已灭。婢空还，夫人深益叹恨。忽见厨中有烛炬，渐升堂陛，直入卧内，去地三尺许，而无人执，光明若昼。夫人惊喜，取经诵之。有顷，家人钻燧得火，烛光即灭。自此日诵五遍以为常法。后芮公将死，夫人往视。公谓夫人曰："吾姊以诵经之福，当寿百岁，生好处也。"夫人年至八十，无疾而终。（《法苑珠林》）

明万历间，楚高衲寒灰，讽经虔肃，句字清和，闻见悚然起敬。尝于天皇寺，以香水金末和墨写《金刚经》，至第十六分。一夕，忘点灯，几上若有微光，作楷书经，直达子夜。偶腹饥思食，起忆灯烛，则眼前黑暗矣。惊呼同房僧取火视之，字画庄严，更胜平时手笔。（《金刚持验》）

唐陇西李观，显庆中，寓止荥阳。丁父忧，乃刺血写《金刚般若经》《心经》《随愿往生经》各一卷。自后院中恒有异香，非常馥烈。邻侧亦常闻之，无不称叹。中山郎徐令过郑州，见彼亲友，具陈其事。（《法苑珠林》）

唐吕文展，开元三年任阆中县丞。雅好佛经，尤专心持诵《金刚经》，至三万余遍，灵应奇异。年既衰暮，三牙并落，念经恳请，牙生如旧。在阆中时属亢旱，刺史刘浚令祈雨，仅得一遍，遂获沛然。又苦霖潦，别驾使祈晴，应时便霁。前后证验非一，不能遍举。（《太平广记》）

宋苏州朱进士，平生学举子业，未闻佛法。偶游虎丘寺，闻佛印讲《金刚经》，至"一切有为法"四句，喜未曾有，因欲参究全经旨义。偶午睡，梦青衣押五人。朱随其后，行二里许，至一大街，竟入巷门内挂青布帘人家。至厨房，桶内有汤，五人皆饮。朱亦将饮，青衣喝曰："听佛法人不得饮。"遂惊觉。乃信步行至大街，入巷，果有人家与所梦合。朱叩门入，主人具言厨房生六犬，内有一死者。朱惊怖流汗，自谓若不闻佛法，入犬胎矣。因专持念《金刚经》。寿至八十九岁，八月望日，遍请诸山道友晤别，遂化云。（《金刚持验》）

明楚中戒僧法禅，发愿往庐山建庵修行。至九江，适有西城外王西溪者，欲诵《金刚经》。闻僧名，即延请讽诵，期满三年，奉经资三百两。后诵毕，止与百金，不能建庵。且所得之财，强半布施，仅持空钵。偶值分封藩王舟抵九江，起夫递送，有富室雇僧充纤夫。时众舫遇逆风不能前，独僧纤挽之舟如驶，且足下腾空尺许。王见惊骇，进询其故，僧茫不知所对。王疑为妖，欲加刑，僧益恐怖无措。然王虽欲加刑，而心终异之，再四诘所从来。僧熟思良久，答曰："贫僧素无他术，惟在王西溪家诵《金刚经》三年耳。"因述前事，王叹曰："《金刚》灵应，乃如是哉。"遂赐银三百两，终其建庵之愿。僧受赐后，足不复履空矣。（《金刚持验》）

# 附　录

梁恭辰曰：持诵《金刚经》之灵异，自晋宋以来，备著传记，至唐益显。段成式家世持诵，历受其益，有《金刚经鸠异》，皆当时目击情事，非子虚也。余少随侍京师，见翁覃溪先生年逾八十，犹每年于先人忌日，必用精楷书《金刚经》全册，分送各名刹及诸交好。家大人时在苏斋谈诗，亦乞得一册。每疑先生素不佞佛，何以亦矻矻于此。先生尝言："《金刚》乃佛家木强之神，党同伐异，有呼必来，有求必应，故灵异若此。"

《忏因笔记》曰：友人方君慎之，尝患疟疾。母为诵《金刚经》禳祷，慎之初不知也。母在别室礼诵，慎之昏愦中，自觉披一毡毯，跪母前听之。倦极，求移步，不得。诵毕，如梦醒，仍卧榻上耳。如是数度。病愈，母不复诵，乃已。《金经》非密咒也，而灵异若是，佛力洵有不可思议者。今方君犹在甲种商业为舍监，其人素不信宗教者，非虚言可知。

# 《国学典藏》丛书已出书目

周易 [明] 来知德 集注

诗经 [宋] 朱熹 集传

尚书 曾运乾 注

周礼 [清] 方苞 集注

仪礼 [汉] 郑玄 注 [清] 张尔岐 句读

礼记 [元] 陈澔 注

论语·大学·中庸 [宋] 朱熹 集注

孟子 [宋] 朱熹 集注

左传 [战国] 左丘明 著 [晋] 杜预 注

孝经 [唐] 李隆基 注 [宋] 邢昺 疏

尔雅 [晋] 郭璞 注

说文解字 [汉] 许慎 撰

战国策 [汉] 刘向 辑录
　　　　[宋] 鲍彪 注 [元] 吴师道 校注

国语 [战国] 左丘明 著
　　　[三国吴] 韦昭 注

史记菁华录 [汉] 司马迁 著
　　　　　　[清] 姚苧田 节评

徐霞客游记 [明] 徐弘祖 著

孔子家语 [三国魏] 王肃 注
　　　　　　（日）太宰纯 增注

荀子 [战国] 荀况 著 [唐] 杨倞 注

近思录 [宋] 朱熹 吕祖谦 编
　　　　[宋] 叶采 [清] 茅星来 等 注

传习录 [明] 王阳明 撰
　　　　（日）佐藤一斋 注评

老子 [汉] 河上公 注 [汉] 严遵 指归
　　　[三国魏] 王弼 注

庄子 [清] 王先谦 集解

列子 [晋] 张湛 注 [唐] 卢重玄 解
　　　[唐] 殷敬顺 [宋] 陈景元 释文

孙子 [春秋] 孙武 著 [汉] 曹操 等注

墨子 [清] 毕沅 校注

韩非子 [清] 王先慎 集解

吕氏春秋 [汉] 高诱 注 [清] 毕沅 校

管子 [唐] 房玄龄 注 [明] 刘绩 补注

淮南子 [汉] 刘安 著 [汉] 许慎 注

金刚经 [后秦] 鸠摩罗什 译 丁福保 笺注

维摩诘经 [后秦] 僧肇等 注

楞伽经 [南朝宋] 求那跋陀罗 译
　　　　　[宋] 释正受 集注

坛经 [唐] 惠能 著 丁福保 笺注

世说新语 [南朝宋] 刘义庆 著
　　　　　[南朝梁] 刘孝标 注

山海经 [晋] 郭璞 注 [清] 郝懿行 笺疏

颜氏家训 [北齐] 颜之推 著
　　　　　[清] 赵曦明 注 [清] 卢文弨 补注

三字经·百家姓·千字文
　　　　　[宋] 王应麟等 著

龙文鞭影 [明] 萧良有等 编撰

幼学故事琼林 [明] 程登吉 原编
　　　　　　　[清] 邹圣脉 增补

梦溪笔谈 [宋] 沈括 著

容斋随笔 [宋] 洪迈 著

困学纪闻 [宋] 王应麟 著
　　　　　[清] 阎若璩 等注

楚辞 [汉] 刘向 辑
　　　[汉] 王逸 注 [宋] 洪兴祖 补注

曹植集 [三国魏] 曹植 著
　　　　[清] 朱绪曾 考异 [清] 丁晏 铨评

陶渊明全集 [晋] 陶渊明 著
　　　　　　[清] 陶澍 集注

王维诗集 [唐] 王维 著 [清] 赵殿成 笺注

杜甫诗集 [唐] 杜甫 著 [清] 钱谦益 笺注

李贺诗集 [唐] 李贺 著 [清] 王琦等 评注

李商隐诗集 [唐]李商隐 著
　　　　　　　[清]朱鹤龄 笺注
杜牧诗集 [唐]杜牧 著 [清]冯集梧 注
李煜词集（附李璟词集、冯延巳词集）
　　　　　　　[南唐]李煜 著
柳永词集 [宋]柳永 著
晏殊词集·晏幾道词集
　　　　　　　[宋]晏殊 晏幾道 著
苏轼词集 [宋]苏轼 著 [宋]傅幹 注
黄庭坚词集·秦观词集
　　[宋]黄庭坚 著 [宋]秦观 著
李清照诗词集 [宋]李清照 著
辛弃疾词集 [宋]辛弃疾 著
纳兰性德词集 [清]纳兰性德 著
六朝文絜 [清]许槤 评选
　　　　　　　[清]黎经诰 笺注
古文辞类纂 [清]姚鼐 纂集
乐府诗集 [宋]郭茂倩 编撰
玉台新咏 [南朝陈]徐陵 编
　　　　　[清]吴兆宜 注 [清]程琰 删补
古诗源 [清]沈德潜 选评
千家诗 [宋]谢枋得 编
　　　　　[清]王相 注 [清]黎恂 注
瀛奎律髓 [元]方回 选评
花间集 [后蜀]赵崇祚 集
　　　　　　　[明]汤显祖 评
绝妙好词 [宋]周密 选辑
　　　[清]项絪 笺 [清]查为仁 厉鹗 笺

词综 [清]朱彝尊 汪森 编
花庵词选 [宋]黄昇 选编
阳春白雪 [元]杨朝英 选编
唐宋八大家文钞 [清]张伯行 选编
宋诗精华录 [清]陈衍 评选
古文观止 [清]吴楚材 吴调侯 选注
唐诗三百首 [清]蘅塘退士 编选
　　　　　　　[清]陈婉俊 补注
宋词三百首 [清]朱祖谋 编选
文心雕龙 [南朝梁]刘勰 著
　　　　　[清]黄叔琳 注 纪昀 评
　　　　　　李详 补注 刘咸炘 阐说
诗品 [南朝梁]锺嵘 著
　　　古直 笺 许文雨 讲疏
人间词话·王国维词集 王国维 著

戏曲系列
西厢记 [元]王实甫 著
　　　　　　　[清]金圣叹 评点
牡丹亭 [明]汤显祖 著
　　　　　[清]陈同 谈则 钱宜 合评
长生殿 [清]洪昇 著 [清]吴人 评点
桃花扇 [清]孔尚任 著
　　　　　　　[清]云亭山人 评点

小说系列
儒林外史 [清]吴敬梓 著
　　　　　　　[清]卧闲草堂等 评

# 部分将出书目